シンプルでやさしい日本の味

笠原将弘の
毎日食べたい
和食のおかず

扶桑社

シンプルで飽きのこない、日本のごはん。
家庭でこそ、和食をつくってもらいたい。

僕は、和食が好きです。
だしの香り、素材のおいしさを生かす味つけ、季節感あふれる料理。
僕は、親がつくるそんな和食を、毎日食べて育ちました。
和食は特別な料理ではありません。
和食はむずかしい、外に食べに行く料理だと思う人も多いようですが、
コツを覚えれば、高価な素材がなくてもおいしくできるものです。
特別な食材を使って料理をすれば、おいしいには違いありませんが、
毎日では現実的ではないし、そんな素材がなければ、
日本料理ができないということではありません。
実際、僕の料理は素材に頼り過ぎない和食。
それは、〝あるものを生かす〟という日本料理の考え方にも
通じているのでは、と思います。
海外経験が豊富な日本人が増える一方で、
和食について聞かれても答えられない人が増えていると聞きます。
和食のよさを知るきっかけになり、
家庭でこそ、和食をつくってもらいたい。
そんな思いから、父から受け継いだ自分の料理を一冊にまとめました。

笠原　将弘

Masahiro Kasahara
1972年9月3日、東京都に生まれる。

1991年『東京吉兆』入社。新宿「正月屋吉兆」にて9年間修業する。

2000年、父の死去に伴い志を引き継いで、実家の武蔵小山『とり将』を継ぐ。

2004年にオーナーシェフとして、恵比寿に『賛否両論』を開店する。

2005年、新しい料理のあり方を求めて、

『なすび亭』吉岡英尋氏、『タツヤ・カワゴエ』川越達也氏、『オステリア ルッカ』桝谷周一郎氏との4名で、

〝シェフズ・コラボレーション「CESSA」（セッサ）〟を結成。

名前の由来は、〝切磋琢磨〟。ジャンルを超えた新たな料理の創作や、食を通じた社会貢献などさまざまな活動に挑む。

日本料理界きっての中堅実力派として、活躍する料理人のひとり。

目次

和え物・酒の肴　6–7

煮物・蒸し物　32–33

この本の決まり

＊ 計量単位は大さじ＝15cc、小さじ＝5ccです。
＊ 電子レンジの加熱時間は500Wを基準にしています。600Wなら0.8倍の時間を目安に加熱してください。
また、機種によっても多少差があります。

和え物・酒の肴

〝和え物〟はむずかしそう、よくわからない、と思っていませんか。和え物の「和」は調和の「和」と書きますよね。自分が相性がよいと思った素材を選んで、自由に組み合わせればいいんです。そして、それぞれの素材と相性がよい共通する味つけや和え衣でつなぎ、一体化して味をつくる。ポイントはそのふたつです。

和え物は、食事の最初に出すことが多い。だから、出したときに一目でわかるもてなしの要素も必要です。そのひとつは季節感。旬を感じる素材を選び、季節感を盛り込みます。そのもの自体がおいしい旬の素材は、手間をかけなくても、おいしく料理できるんです。結果、簡単手軽に調理できるため、食べる人を待たせず、一品ができ上がります。さらに和え物には、次に続く料理への期待感を高めるような、彩りの鮮やかさや驚かせ、楽しませる要素があるといいですね。たとえば、色の組み合わせ方。たとえば、切り方や火の入れ方で際立たせた食感の違い。そんな素材の組み合わせの妙を生かした和え物は、食卓に出すだけで印象に残る演出になります。

和え物は、おかずというより、箸休めやちょっとした酒の肴になる一品です。酒の肴にはさっとつくってすぐ出すものと、つくりおきしておき、盛りつけるだけでさっと出すものの大きくふたつに分かれます。いずれも、食べたいときにさっと出せる料理という点で活用度は高いですよ。

鶏ささみとたたききゅうりの梅和え

ささみと相性がよい梅干しときゅうりの組み合わせで和え物を。ささみはパサつきやすく、火を入れるのがむずかしい食材。ところが余熱で火を通せば、いつものささみとは思えない、しっとりなめらかな食感に仕上がります。そのささみに、みずみずしいきゅうりを合わせます。きゅうりは板ずりしてたたくことで、青臭さが気にならず、全体の味がなじみやすくなります。きゅうりの代わりには、大根、かぶなどでも。

材料／4人分

鶏ささみ…3本
きゅうり…2本
塩…少し

梅肉だれ

梅干し（塩分5%程度のもの）…4個
砂糖…小さじ1
しょうゆ…小さじ1
煮きり酒…大さじ1
太白ごま油（あれば）…大さじ1

白炒りごま…少し

1　ささみは、筋を取る。口径18㎝の鍋に1ℓの水を沸騰させ、塩（分量外）を入れる。火を止めてささみを入れ、中心に火が通るまで5分間ほどおく。氷水に落として冷やす。

2　きゅうりは塩をふって板ずりして水で洗い、すりこ木などでたたいて割り、一口大に切る。

3　梅肉だれをつくる。梅干しの種を取り、包丁でたたいてボウルに入れ、残りの材料と混ぜ合わせる。

4　**1**のささみの水気を拭いて手で食べやすく裂き、ボウルに入れて**2**と合わせ、梅肉だれで和える。器に盛ってごまをふる。

いか、トマト、アスパラのぬた

野菜にドレッシング。和食では、そんな感じの楽しみ方が酢みそです。つくるのがむずかしそうに思えるかもしれませんが、この辛子酢みそは混ぜるだけ。僕の酢みそは少し辛味の効いたキリリとした甘めの味。辛味と甘味のバランスがよい酢みそは、野菜の新鮮な表情を引き出します。いかの白、トマトの赤、アスパラのグリーンに酢みその黄色。彩りも鮮やかで、視覚からの味わいもたっぷりです。

材料／4人分

いか（刺身用さく）…200g
トマト…1個
グリーンアスパラ…4本
塩…少し

辛子酢みそ

みそ（できれば白みそ）…50g
砂糖…大さじ1
酢…大さじ3
練り辛子…小さじ1
卵黄…1個分

万能ねぎ（小口切り）…少し

1　アスパラは根元を少し切り落とす。太い場合はピーラーで皮をむいておく。トマトはヘタをくり抜く。鍋に湯を沸かして塩を入れ、アスパラ、トマト、いかの順でそれぞれさっとゆで、氷水に落とす。それぞれ水気をきる。トマトは皮をむき、8等分に切る。アスパラは3等分に切る。いかは縦に切り目を入れて、一口大に切る。

2　辛子酢みその材料をボウルに入れて、泡立て器でなめらかになるまで混ぜ合わせる。

3　**1**を器に盛り、**2**を適量かける。万能ねぎを散らす。

＊いかは、火が通りすぎないように、透明感が出たら引き上げる。

たこのたたき おくら和え

和え物には、自然が生み出す素材の色の対比を愛でる楽しみもあります。夏には、おくらの鮮やかな緑色とたこの白。粘りのあるおくらともっちりした食感のたこは、互いを引き立て補い合ういい相方。おくらはゆでて種を取り、たたいて粘りを出します。口当たりがなめらかになるだけでなく、緑色も鮮やかに。たこの白に映える緑色を生かしたいから、しょうゆは使わずに塩とわさびで味つけします。彩りを生かすように盛っても、和えてもお好みで。

材料／４人分
ゆでだこの足…２００ｇ
おくら…８本
塩…少し
おろしわさび…少し

1 おくらは塩少し（分量外）で板ずりして沸騰した湯でゆでる。1分ほど氷水に落として色止めする。
2 **1**のヘタと種を取り、包丁で細かく刻み、粘りが出てもち状になるまでたたく。塩、おろしわさびを加え、さらにたたいて味をなじませる。
3 たこは食べやすい大きさに切る。
4 **2**と**3**を器に盛り合わせる。

アボカド納豆

親父から継いだ焼き鳥屋『とり将』で出していて人気メニューだったアボカド納豆。僕が考えたオリジナルメニューです。刺身といえばまぐろ。そのまぐろと味わいが似ているアボカド。しょうゆで食べる納豆。このふたつの相性が悪いわけはありません。さらに、アボカドのなめらかさは、納豆のクセをやわらげ、食べやすくしてくれる。これにまぐろを加えても合いますよ。酒のつまみはもちろん、ご飯とも相性がいいですね。

材料／4人分
アボカド…1個
納豆…2パック(45g×2パック)
かつお節…1パック(3g)
しょうゆ…大さじ1
もみのり…適量
万能ねぎ(小口切り)…適量

1 アボカドは皮をむき、種を除き、1cm角に切る。かつお節としょうゆで和える。
2 納豆を付属のたれと辛子で混ぜ合わせる。
3 **1**と**2**を器に盛り、もみのり、万能ねぎを散らす。

季節の果物の白和え

果物の酸味は、実は料理に合う。そして、食べる人にも新鮮な驚きを与えます。食卓に出すと賑わうし、献立のアクセントにもなるので、果物をもっと気軽に料理に使ってみてください。白和え衣の豆腐は、水きりし過ぎずにみずみずしさを生かして。野菜を和え物にしようとすると、ゆでたりなどのひと手間がかかりますが、果物なら切るだけでパパッとつくれて、おしゃれな感じがするんです。ただし、水が出やすいので、必ず食べる直前に和えてください。

材料／4人分

季節の果物（いちご、バナナ、さくらんぼ、柿、桃など）
…各適量

白和え衣

絹ごし豆腐…200g
砂糖…大さじ1
薄口しょうゆ…小さじ1
生クリーム…大さじ1
白すりごま…大さじ1

塩…少し

1　果物は食べやすい大きさに切る。豆腐はペーパータオルで包み、しばらくおく。

2　白和え衣の材料をボウルに入れて、泡立て器でなめらかになるまで混ぜ合わせる。

3　食べる直前に**1**を**2**で和える。

＊果物は好みのものを一種類でも、いろいろ混ぜてもお好みで。ミックスナッツやレーズンを入れてもよい。

ほうれん草、きのこ、大根のおひたし

素材からだしが出る大根、きのこを先にだし汁に入れ、色鮮やかに仕上げたいほうれん草を、後から時間差で加えます。和食のおひたしや煮物は、素材を冷ましながら、味を含めるのがポイントです。

材料／4人分

ほうれん草…1束
しいたけ…4枚
えのきだけ…1袋
大根…500g
塩…少し

煮汁

だし汁…800cc
しょうゆ…80cc
みりん…80cc

かつお節…適量

1　ほうれん草は根元を切り落して食べやすい大きさに切り、塩を入れた湯でさっとゆでる。氷水に落として水気を絞る。

2　しいたけは薄切りにする。えのきだけは根元を切り落とし、ほぐす。大根は皮をむいて3cm長さの太めの千切りにする。

3　鍋に煮汁の材料を入れて火にかける。煮立ったら大根、しいたけ、えのきだけを入れ、大根が少し透きとおり、しんなりするまで煮る。鍋ごと氷水で急冷する。

4　煮汁が完全に冷めたら**1**を加え、1時間ほど味をしみ込ませる。

5　器に盛り、かつお節をのせる。

＊ほうれん草の根元はおいしいので、よく洗って、みそ汁の具などに活用する。
＊ほうれん草の代わりに水菜や小松菜を使う場合には、ほうれん草のようにアクがないので、大根などといっしょに加えてよい。

鯵のなめろう

新鮮な魚をたくさんの薬味とたたいてつくる漁師料理、なめろう。ごま油は青魚のクセをやわらげ、みりんの甘味でみその塩分の角を取っています。めずらしい材料を使う必要はなく、余った刺身があればぜひお試しを。刺身は、複数の種類を混ぜてつくってもよく、そのまま食べるのはもちろん、フライパンでお焼きにしてもいいですよ。

材料／4人分

鯵(刺身用)…2尾
長ねぎ…3cm
みょうが…1個
青じそ…4枚
おろししょうが…小さじ$\frac{1}{2}$
みそ…50g
ごま油…小さじ1
みりん…小さじ1
白炒りごま…少し
すだち…2個
焼きのり…適量

1　長ねぎ、みょうが、青じそは細かく刻む。

2　鯵は三枚におろして(P38参照)、皮をはぎ、小骨を取り除き、細かくぶつ切りにする。刺身になっているのを買ってきてもよい。

3　**2**をまな板の上に置き、**1**をのせ、おろししょうが、みそ、ごま油、みりんを加えて包丁でたたきながら混ぜ合わせる。

4　器に盛ってごまをふり、半割りにしたすだちと食べやすい大きさに切った焼きのりを添える。好みでのりで巻いて食べる。

えびのくずうちとわかめの三杯酢

くずうちは、肉や魚にくず粉をまぶして湯通しすることでのどごしよく、なめらかな食感に仕上げる和の技法。家庭でつくりやすいように、くずの代わりに片栗粉を使いました。プルンとした口当たりが、さわやかな酢の物によく似合う。酸味を控えめにしているので、そのままごくごく飲め、いろいろと応用がきく万能合わせ酢です。

材料／4人分

えび
…大4尾（小なら8尾）
塩蔵わかめ（戻す）
…100g
きゅうり…1本
片栗粉…少し
塩…少し

三杯酢
だし汁…150cc
しょうゆ…30cc
酢…30cc
砂糖…大さじ1

1. えびは殻と背ワタを除き、片栗粉をまぶして沸いた湯でしっかりゆでる。氷水に落として水気を拭く。大きければ、食べやすく切る。
2. わかめは食べやすい大きさにざく切りにする。きゅうりは小口切りにして塩をふって塩もみし、水気を絞る。
3. 三杯酢の材料をボウルに入れ、混ぜ合わせる。
4. 器にえび、わかめ、きゅうりを盛り、**3**をかける。

もったいない

捨てるものと思い込んでいる部分には、実はうま味が詰まっているものです。たとえば、野菜の皮や根っこや軸。魚介類のあらや骨。肉の骨や脂。ふだんは捨ててしまっていたえびの殻だって、ちょっとしたひと手間で料理をおいしくする調味料・えび粉に生まれ変わるんです（つくり方下段参照）。えび粉は、お吸い物や煮物に入れたり、カルパッチョにかけたり、えびの天ぷらの風味がたりないときに衣に入れたり。塩を加えてえび塩にしてえびの揚げ物に添えるのも、粋なあしらいです。

えび粉にしなくても、殻をそのままガーゼに包んでだしをとったり、なすを炊くときに入れてえびの風味を添えたり。頭なら、じっくり焼いて塩焼きにして食べたり、みそ汁のだし代わりにしても。いつもの煮物や汁物も、味わい深くなりますよ。

えび粉のつくり方

料理をつくって出たえびの殻を冷凍してためておく。ある程度たまったら、殻を低温（１２０℃程度）のオーブンでから焼きするか、フライパンで弱火でじっくりから炒りしてカラカラにする。殻をフードプロセッサーにかけ、粉末にする。香りが飛ばないよう、冷凍庫で保存する。

白菜、水菜、かぶの塩昆布和え

白菜がおいしいときに食べたくなるサラダ感覚の和え物。冬場の白菜の内側の、やわらかい葉のみずみずしさと甘い香りを生でいただきます。白菜は手でちぎって、味をからみやすく。さらに、手で和えることで、白菜の葉の一枚、かぶの実の一個にしっかり味をなじませます。わさびで白菜の甘さを引き立て、塩昆布でうま味と上品な塩味を添えます。食べる直前に和えたシャキシャキした白菜もよし、少し時間をおいたしんなりした白菜も、またおいしい。

材料／4人分

白菜（中心の葉）…¼個（300g）
水菜…½束
かぶ…2個
A 塩昆布…15g
おろしわさび…小さじ1
ごま油…大さじ2
塩…小さじ½

1　白菜は一口大に手でちぎる。水菜は3cm長さのざく切りにする。かぶは皮を厚めにむいてくし形切りにする。

2　ボウルに**1**と**A**を入れ、手で和える。

＊白身の刺身を加えて、刺身のサラダ仕立てにもできる。春には、白菜の代わりに春キャベツでつくってもよい。

まぐろとブロッコリーの黒ごま和え

まぐろのねっとりした食感とかためにゆでたブロッコリーの食感を、香り高い黒ごま和え衣でつなぎます。赤、緑、黒の色合いもインパクトがあり、印象に残りますね。黒ごま和え衣は、甘い香りの黒ごまと相性のよい辛子で締めて、ほんのりピリッと仕上げます。これは、赤身とよく合うので、時季によって、まぐろの代わりにかつおでもいいですよ。

材料／4人分

まぐろ赤身(刺身用さく)…200g
ブロッコリー…1株
塩…適量
黒ごま和え衣
黒すりごま…大さじ3
しょうゆ…大さじ2
みりん…大さじ1
練り辛子…小さじ1
ごま油…小さじ1

1 ブロッコリーは食べやすい大きさに小房を切り分けて、塩を入れた湯でゆでる。氷水に落として水気をきる。
2 まぐろは、食べやすい大きさに切る。
3 黒ごま和え衣の材料をボウルに入れて混ぜ合わせる。
4 **1**と**2**をボウルに入れ、**3**で和える。

＊黒ごま和え衣は、10日ぐらい日もちする。

和え衣でもう一品

和え衣は、和え衣だけにあらず。というのは、和え衣はいくつかの調味料と薬味を混ぜてつくるから、味わい深く、香り高いものが多いんです。そのため、和え衣はつけだれやかけだれとして、いろいろな料理に使い回しがきく自家製便利調味料として使い勝手がいいんです。ここで紹介した「黒ごま和え衣」のほか、「梅肉だれ」（P8）、「辛子酢みそ」（P10）、「白和え衣」（P14）なども同じように、好みの食材で和えてみてください。バリエーションが増えて料理がまた、楽しくなりますよ。ここで紹介した「黒ごま和え衣」は、まぐろと和えて温かいご飯にのせ、刻み三つ葉と、少しの塩で味つけした熱いお茶をかけたお茶漬けもおいしいですよ。

黒ごま和え衣

香りと甘味が強い黒ごまを和風に仕立てた黒ごま和え衣。多めにつくっておけば、まぐろのほかに、かつお、鶏ささみ、豚しゃぶの肉、ゆで野菜などと合わせるだけで、手軽にちょっとした一品ができ上がります。

かんたん昆布〆

簡単につくれるだけでなく、スーパーで買った刺身をワンランク上げる昆布〆こそ、家庭でチャレンジしてみてほしいワザのひとつです。昆布で魚の味がぐっと締まり、うま味も引き出されます。しかも、その昆布には、おぼろ昆布を使用。刺身のさくを普通に昆布〆にすると食べられるのは翌日からですが、おぼろ昆布なら、全面にまぶすだけでたったの10分でおいしく食べられます。昆布の風味を生かしたいから、しょうゆではなく、塩とわさびでいただきます。

材料／4人分
鯛(刺身用さく)…200g
おぼろ昆布…30g
すだち…2個
塩…適量
おろしわさび…適量

1 鯛の刺身は一口大のそぎ切りする。バットにおぼろ昆布の半量をちぎりながら敷き、その上に刺身を並べ、その上から包むように残りのおぼろ昆布をのせる。なじむまで少しおく。

2 器に盛り、半割りにしたすだち、塩とおろしわさびを添える。

鶏みそ

つくっておくといろいろな料理に使い回せる便利な常備菜。父親直伝のレシピを家庭でもつくりやすいよう、アレンジしました。鶏と相性のよいしいたけのうま味、ごぼうの土の香り、みその甘味が一体となって絶妙の味わい。そのままつまむもよし、ご飯のおともに、生野菜につけて、炒め物の調味料代わりに、と用途は多彩です。

材料／4人分

鶏ひき肉…200g

A みそ…200g
砂糖…100g
酒…100cc
卵黄…3個分

しいたけ…2枚
ごぼう…100g
サラダ油…少し
白炒りごま…大さじ3

1 ボウルに**A**を入れて混ぜ合わせておく。

2 しいたけ、ごぼうは、みじん切りにする。フライパンにサラダ油を中火で熱し、しいたけ、ごぼう、鶏ひき肉をポロポロになるまで炒める。

3 **1**を加え、混ぜながら弱火で5分ほど火を通す。元のみそのかたさぐらいになるまで混ぜる。

4 ごまを混ぜ合わせてでき上がり。

＊鶏みそは、1週間は日もちする。

塩豆腐

おいしい豆腐は、塩で食べると大豆の風味が消されず、よりおいしいんです。このたれは、焼き肉屋さんのごま油と塩を合わせるたれから思いついたんです。簡単だけど、いつもの豆腐とは目先が変わって、喜ばれます。シンプルな料理なので、せっかくつくるなら、ぜひおいしい塩で。食べるときには、豆腐をくずしながら、いただきます。豆腐の香りと甘味を味わってみてください。

材料／4人分
絹ごし豆腐…400g
粗塩…小さじ1
ごま油…大さじ1
万能ねぎ(小口切り)…大さじ4

1　豆腐は、食べやすく切って器に盛る。塩、ごま油をかけ、万能ねぎをたっぷりのせる。くずしながら、いただく。

じゃこ山椒

家ではとてもつくれない。そう思われているじゃこ山椒。料理教室でも教えて喜ばれる料理のひとつです。修業時代に教わったじゃこ山椒は、濃口しょうゆを使っていたのですが、僕はあっさり味が好きなので、薄口しょうゆを使っています。そして、実山椒は少し多めに。自分でつくると好みの味加減にできるのがうれしいですね。

材料／４人分

ちりめんじゃこ…２５０ｇ
実山椒（水煮）…25ｇ
A 酒…１００cc
みりん…50cc
薄口しょうゆ…50cc
水…２５０cc

1 鍋に**A**、ちりめんじゃこと実山椒を入れて火にかける。
2 中火で水分がなくなるまで焦げないように煮詰める。
3 バットに広げて少し乾かす。

＊冷蔵庫で10日は日もちする。

酒の肴を使い回す

酒の肴はさっとつくってその日に食べきるものと、時間をかけてだんだんおいしくなるつくりおきのものと、大きく2種類に分かれます。後者の、常備菜にもなるような酒の肴は、意外にいろいろな料理に使い回しがききます。酒の肴はお酒がすすむよう、味つけを少し濃いめにしているので、具に使うのはもちろん、調味料代わりにもなるのです。多めにつくっておけば、かけたり、混ぜたりするだけで、少し手をかけたような一品が、手早くでき上がります。

鶏みそ（P26）

ご飯のおともに。焼きおにぎりに。ゆでうどんにからめて。生野菜につけて。野菜の炒め物の味つけに。なすやキャベツとよく合います。

じゃこ山椒

おにぎりに。パスタに。キャベツの塩もみに。ゆでたほうれん草や小松菜の和え物にも。

だしをとる

日本料理は、だしあっての料理。僕は、そう思います。いまは、海外の一流シェフが日本のだしでおいしい料理をつくっている。それなのに、日本ではだしをとる人が少なくなっているのは、とても残念です。しかも、日本のだしは、世界中のどこのスープストックよりも、簡単にとれるんです。昆布とかつお節さえあれば、短時間であっという間にとれる。そんなだしを使うだけで料理がおいしくなるのですから、だしをとらない手はないと思います。

僕の子どもの頃の毎日の食事は、父がつくるみそ汁をはじめ、いろいろな料理にだしが入っていました。だしをはじめておいしいと意識したのは、修業した店の入社式。お椀のだしを飲んで、上品なかつおと昆布のいい香りで薄味なのに飲み飽きない、その別次元のおいしさに驚いたことをいまでも覚えています。野菜や魚、肉などの素材はもうでき上がった味だけれど、だしがおいしいかどうかは、自分の腕次第。だしがおいしければ、プロの味に近づけるだけじゃなく、少々安い素材を使っても味をカバーできるんです。

おいしいだしをとるポイントは、いくつかありますが、毎日のおかずに使うなら、簡単にとれるだしで十分。まずはだしをひくことが大事だと思います。そこで、二番だしのつくり方をベースにした、1回分の使いきりだしのひき方を紹介します。素材の香りを生かすだし。だしを変えるだけでおかずの味ががらりと変わりますよ。

笠原流 簡単だしのひき方

鍋に500ccの水、昆布5g、かつお節15gを入れ、火にかけて沸いたら、火を弱めて、表面がふつふついうぐらいの弱火で5分煮たらこす。かつお節は絞ってもよい。

『賛否両論』店のだしのひき方

真昆布30gを2ℓの水につけ、2時間ほどおく。鍋に昆布と水を移し、中火ぐらいの火加減でゆっくり沸かす。泡が出てきて、もうそろそろ沸く手前で昆布を引き上げる（70℃ぐらいの温度）。火を強め、沸いたら火を止めて、かつお節（血合い抜きの本節）50gを入れる。かつお節は、一片一片がまんべんなく散らばるよう丁寧に落とす。かつお節が沈んだら、一呼吸してこす。かつお節は絞ったりせずに、自然に最後までだしがこされるまで待つ。

だしあとの昆布でつくる「昆布の佃煮」

だしをとったあとの昆布は冷凍しておき、たまったところで佃煮をつくるのがおすすめ。昆布を適当な大きさに切り、鍋に入れる。水1：しょうゆ2：みりん1.5：酢1.5：酒1.5の割合で合わせ調味料をつくり、昆布がひたひたになるまで入れ、アルミ箔で落としぶたをし、中火で約2時間煮る。汁がほとんどなくなるまで煮詰める。

煮物・蒸し物

煮物は、日本人にとって一番身近な和食。肉じゃが、筑前煮のように、おふくろの味、家庭料理の定番おかずと言われるものに煮物は多いですよね。湯気が立った熱々の料理は、気持ちをやわらげ、体を元気にしてくれます。そんな定番煮物は、ぜひ覚えておいてほしいおかずです。

煮物は、コツさえわかれば、簡単においしくできるんです。コツは大きくふたつ。ひとつはだし汁を使うか使わないか。煮ている間にだしが出る肉や魚、貝類をメインの具にするときにはだしは使わず、水と調味料で煮ていきます。だしと具のうま味とがけんかしてしまっては、素材本来の持ち味は楽しめません。きんぴらなどの野菜の炒め煮も、油でコクをつけて濃い味つけで煮るので、だしを使わずに味が決まりますよ。

もうひとつは、省くことができないひと手間はかけること。煮物は、素材をただ煮るのではなく、素材の気になる部分を処理してから煮ると、ぐんとおいしくなります。たとえば、霜降りして魚の臭みを取ってから煮つける。下ゆでして肉の余分な脂を落としてから煮る。魚や肉に焼き目をつけてから煮るなど。一見、ひと手間に思えても、仕上がりの味に大きく差が出るので、かえって合理的です。

蒸し物は、家庭では遠い存在になりつつありますが、つくってもらいたい料理のひとつです。蒸すという調理法ならではの素材のなめらかなおいしさ。セットした素材を蒸し器に入れればでき上がり、という簡単さなので、むずかしく考えずチャレンジしてみてください。

黒砂糖の肉じゃが

煮含めることでおいしくなる肉じゃがは、砂糖を先に入れてから煮はじめます。そうすることで甘味がじわじわと入り、深い味わいになります。僕の肉じゃがは、豚肉との相性がよく、コクも出る黒砂糖でつくります。豚肉は炒めて一度取り出し、最後に戻し入れるから、やわらかく仕上がるんです。その脂で野菜を炒めているので、肉のうま味も野菜に十分にいき渡ります。

材料／4人分

豚バラ薄切り肉…300g
A じゃがいも（メークイン）…4個
　玉ねぎ…1個
　にんじん…1本
だし汁…600cc
酒…120cc
黒砂糖…40g
しょうゆ…40cc
絹さや…8枚

1 Aの野菜はそれぞれ皮をむいて一口大に切り分ける。豚肉は食べやすい大きさに切る。

2 中火で熱したフライパンに豚肉を入れ、脂が出るまで炒めたら、いったん取り出す。その脂が残ったフライパンで、**1**の野菜を中火で脂をからめながら炒める。

3 だし汁、酒、黒砂糖を加えてアルミ箔で落としぶたをし、じゃがいもがやわらかくなるまで10分ほど中火で煮る。

4 豚肉を戻し入れ、しょうゆを加える。5分ほどさらに煮ていく。

5 筋を取った絹さやを加え、さっと煮て、器に盛りつける。

＊黒砂糖はかたまりではなく、溶けやすい粉状のものを使う。

おいしいさば

鯖のみそ煮

僕は、鯖のみそ煮をおいしく仕上げるために鯖に香ばしく焼き目をつけるんです。鯖に味を煮含ませるというより、焼き目に味をからめるようにします。そのためには、冷たい煮汁に鯖を入れて煮るのではなく、煮立った煮汁に鯖を入れ、短時間で煮からめます。最後に、みそやしょうがの香りが飛ばないようにさっと仕上げるのもポイントです。

材料／4人分

鯖(切り身)…4切れ
ピーマン…2個
しょうが…20g
ごま油…少し
煮汁
　水…200cc
　みりん…100cc
　酒…100cc
　しょうゆ…20cc
みそ…30g

1　ピーマンはヘタと種を除き、食べやすい大きさに切る。しょうがは皮をむき、半量を細い千切りにして水にさらし、残りは薄切りにする。鯖は皮目に7〜8㎜幅に切り目を入れる。

2　フライパンを強火で熱し、ごま油を入れ、鯖の皮目を下にして入れる。脂を拭きながら、香ばしい焼き目がつくまで焼く。身のほうもさっと焼き、いったん取り出す。

3　フライパンをきれいに拭き、煮汁の材料を入れ、ひと煮立ちしたら、鯖を戻し入れる。アルミ箔で落としぶたをして中火で5分ほど煮る。

4　鯖が煮えてきたら、フライパンに、**3**の煮汁少量で溶かしたみそ、ピーマン、しょうがの薄切りを加え、落としぶたをして2〜3分煮る。

5　器に盛り、しょうがの千切りをのせる。

＊ごま油は青魚のクセをやわらげる。

鯵の梅煮

梅干しは、鯵の臭み消しにもなり、具にもなる。そして傷みにくくなる。昔ながらの理にかなった組み合わせです。鯵に焼き目をつけてから煮ると、生臭みを抑えるだけでなく、味がしみ込みやすくなる効果もあります。一緒に煮ておいしくなった梅干しがまた、箸休めにいいんです。鯵の代わりに鰯でもおいしくつくれます。

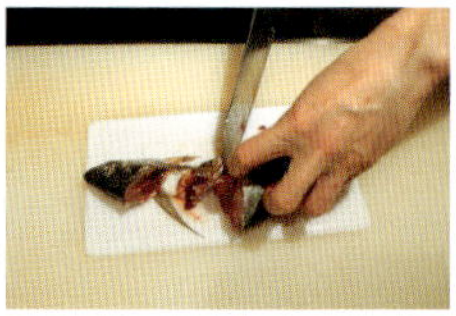

材料／4人分

鯵…4尾
梅干し…4個
しいたけ…4枚
サラダ油…少し

煮汁
水…500cc
酒…100cc
しょうゆ…100cc
みりん…100cc
砂糖…大さじ1
酢…大さじ1

しょうが（薄切り）…10g
長ねぎ（白髪ねぎ）…1/2本分

1　鯵は頭、ハラワタ、ゼイゴを取り、水で洗ってよく水気を拭き取り、三枚におろす。皮目に包丁で切り目を入れる。しいたけは石づきを落とす。

2　フライパンにサラダ油を強火で熱し、鯵の両面に焼き目をつけ、いったん取り出しておく。

3　フライパンをきれいに拭き、煮汁の材料を入れ、ひと煮立ちさせる。鯵を戻し入れ、梅干し、しいたけを入れ、アルミ箔で落としぶたをして中火で煮ていく。

4　鯵に火が通ったら、しょうがを加えて煮汁を煮詰める。

5　器に盛り、白髪ねぎをのせる。

＊魚の三枚おろし…魚の頭と尻尾を切り落とす。魚の腹を手前に、尻尾を左側に向け、内臓の部分に包丁を入れ、内臓を取り出す。背中から腹に向かって、骨の上を沿うように魚に包丁の刃を入れて切り離す。魚の背を手前に、尻尾を左にして置き、同じように包丁を入れ、骨に沿って切り離す。

金目鯛の煮つけ

濃いめの煮汁で魚をさっと煮て、煮汁が適度にしみ込んだ魚の風味を楽しむのが僕にとっての煮魚。魚の風味を生かしたいから、だし汁はいりません。だしが出るごぼうをたして、ご飯がすすむ甘辛い味つけにします。煮魚をおいしくつくるには、まず霜降りにして魚の生臭みや汚れを除く。その魚を煮立った煮汁に入れて煮る。みりんを加えて、魚の煮くずれを防ぐ。このポイントを押さえれば、必ずおいしく仕上がります。

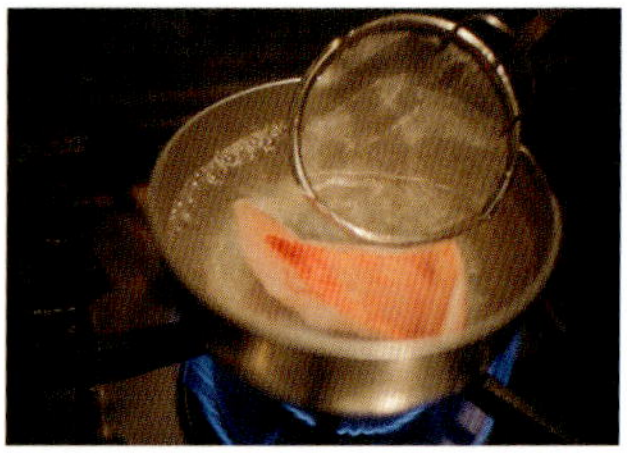

材料／4人分

金目鯛（切り身）…4切れ
ごぼう…小1/2本
絹ごし豆腐…150g

煮汁

水…500cc
酒…100cc
しょうゆ…100cc
みりん…100cc
砂糖…大さじ1

柚子の皮（千切り）…少し

1　金目鯛は沸騰した湯で一切れずつさっと霜降りにし、水につけてぬめりやうろこを取り、水気や血合いをよく拭いておく。ごぼうは3cm長さに切る。豆腐は4等分に切る。

2　鍋に煮汁の材料を入れてひと煮立ちさせ、金目鯛とごぼうを入れ、アルミ箔で落としぶたをして中火で10分ほど煮る。

3　豆腐を加えて弱火にし、煮汁をときどき金目鯛にかけながら煮詰めていく。

4　器に盛り、柚子の皮をのせる。

＊霜降り…沸騰した湯に肉や魚をくぐらせ、表面の色が変わったら、湯から引き上げる。その後、氷水で締めてうまみを閉じ込め、汚れや余分な脂を落とす下処理。
＊ごぼうは金目鯛の火の通り方に合わせるため、あまり大きく切らない。

豚の角煮

角煮にもいろいろあるけれど、僕のは、肉がとろけるようにやわらかく、甘い煮汁が肉にしみ込んだやさしい味の角煮。肉をやわらかく仕上げるポイントはふたつ。肉は最初に焼きつけない。焼くと煮くずれにくくなるからです。それと、素材をかたくするみりんは使わずに、砂糖で甘味を含ませます。たっぷりの玉ねぎは具というよりも、とろとろに溶けて、甘味たっぷりのソース代わりにします。

材料／4人分

豚バラかたまり肉…600g
玉ねぎ…1個
水…600cc
酒…200cc
砂糖…大さじ4
しょうゆ…100cc
温泉卵(市販品)…4個
万能ねぎ(小口切り)…適量
練り辛子…適量

1 豚肉は8等分に切る。玉ねぎは薄切りにする。

2 鍋に湯を沸かし、豚肉を5分ほど下ゆでし、水にさらして表面のアクや脂を取る。

3 鍋に分量の水、酒、砂糖、玉ねぎを入れ、**2**の豚肉も加え、アルミ箔で落としぶたをして2時間ほど、中火で煮ていく。煮ている途中、水分がたりなくなるようなら、肉がひたるぐらいまで水をたす。

4 しょうゆを加えてさらに30分ほど煮る。火を止め、自然に冷ます。

5 温め直して器に盛り、温泉卵を添え、万能ねぎを散らす。好みで練り辛子をつけていただく。

＊豚肉は下ゆでし、水にさらすことで、豚肉の臭みや脂っぽさを抑えられる。

かぶのふろふき

だしの効いた煮汁をたっぷり含んだかぶに、甘めの玉みそをかけていただきます。玉みそは日本料理でよく使う基本の合わせみそのひとつ。冷蔵庫で2週間は日もちするので、ふろふき大根や田楽に合わせてもおいしい。玉みそに酢を加えるとぬたのみそに。木の芽を加えると木の芽みそになります。かぶもみそもどちらも熱々にして合わせ、ふうふう言いながら食べたい料理です。

材料／4人分

かぶ…4個

煮汁

だし汁…５００cc
薄口しょうゆ…大さじ1
みりん…大さじ1

玉みそ

白みそ…２００g
酒…１５０cc
砂糖…50g
卵黄…5個分

柚子の皮(千切り)…適量

1 かぶは皮をむく。

2 鍋に煮汁の材料を入れ、かぶを入れて中火で串がスッと通るまで煮る。

3 別の鍋に玉みその材料を入れ、よく混ぜ合わせてから、弱火にかけてしゃもじで練る。焦がさないように注意しながら10〜15分ほど練り上げる。

4 かぶを器に盛り、**3**の玉みそをかけ、柚子の皮を散らす。

＊玉みそをつくるときに余った卵白は、冷凍保存がきくので、かぶら蒸し（P60参照）や、おかき揚げ（P80参照）の衣や、お菓子づくりのメレンゲとして使える。解凍は自然解凍がよい。

あさりと春雨の蒸し煮

煮物というとだし汁で煮なくてはと思っている人が多いようですが、だしが出る素材を具に使えば、だし汁を使う必要はありません。あさりのだしをたっぷり吸い込む春雨は、下ゆでせずにそのまま入れるだけ。ただ順に材料を入れてふたをして煮るだけだけど、ボリュームが出て、ヘルシーな一品になります。

材料／4人分

あさり…２００g
春雨…40g
しめじ…1パック
なす…2本
赤パプリカ…1個
塩蔵わかめ(戻す)
…１００g

煮汁

水…２００cc
しょうゆ…大さじ2
砂糖…大さじ1
みそ…小さじ1
酒…１００cc
しょうがのみじん切り
…大さじ1
一味唐辛子…少し

1 あさりは薄い塩水につけて砂抜きしておく。しめじは小房に分ける。なすは皮をむいて細切りにする。赤パプリカはヘタと種を除き、縦に細切りにする。わかめはざく切りにする。ボウルに煮汁の材料を入れ、混ぜ合わせておく。

2 ふたのできるフライパンか鍋に、野菜類、わかめ、あさり、春雨の順で入れる。

3 **1**の煮汁を注ぎ、ふたをして弱火で10分ほど蒸し煮にする。

4 ふたを開けて全体を混ぜ合わせ、強火で1～2分煮て、器に盛る。

手羽先のジンジャーエール煮

しょうが風味の煮物も、ジンジャーエールで煮れば、びっくりするほど簡単に仕上がります。油をひかずにパリッと皮目を焼き上げた手羽先の香ばしさに、しょうがの風味がただようさっぱりとした煮物。炭酸が入っているから、肉もやわらかくおいしくなります。

材料／4人分
鶏手羽先…8本
ジンジャーエール…500cc
薄口しょうゆ…大さじ1
黒こしょう…少し

1 フライパンを中火で熱し、手羽先を入れ、両面に焼き色をつける。
2 ジンジャーエールと薄口しょうゆを加え、落としぶたをして10分ほど煮る。
3 ほとんど煮汁がなくなるまで煮たら、黒こしょうをふりかけ、からめる。

豚バラ肉と白菜のみぞれ煮

冬のお助け野菜、白菜と大根をたっぷり味わう料理です。少しかための白菜の外葉は、煮物向き。さっと煮て、甘味を引き出します。たっぷりの大根おろしと合わせて、相性がよい豚バラ肉の脂を味のアクセントに。豚バラは、片栗粉をまぶしてゆがいて加えることで、よりやわらかく仕上がります。

材料／4人分

豚バラ薄切り肉…200g
白菜…¼個（500g）
大根…¼本
片栗粉…適量
煮汁
だし汁…1000cc
薄口しょうゆ…75cc
みりん…75cc
水溶き片栗粉…大さじ3
万能ねぎ（小口切り）…適量
柚子の皮（千切り）…適量
一味唐辛子…適量

1 白菜は食べやすい大きさにざく切りにする。大根は皮をむいてすりおろし、軽く水気をきる。

2 豚肉は食べやすい大きさに切って片栗粉をまぶし、沸騰した湯でゆでる。火が通ったら取り出して水気をきっておく。

3 鍋に煮汁の材料を入れ、中火にかけ、白菜を加えて煮ていく。白菜がややわらかくなったら水溶き片栗粉で軽くとろみをつけて大根おろし、豚肉を加える。

4 ひと煮立ちしたら器に盛り、万能ねぎと柚子の皮を散らし、一味唐辛子をふる。

大根とひき肉の炒め煮

しょうゆとみりんで甘辛く味つけた大根とひき肉に、バターでコクをつけたお総菜風の炒め煮。仕上げはピリリッと一味唐辛子で締めているから、ご飯にぴったり。冷めてもおいしく、お弁当のおかずにもいいですよ。大根は細切りにして炒め煮にするため、水分が少ない葉のほうを使います。

材料／4人分

- 大根…½本
- 鶏ひき肉…300g
- 大根の葉…適量
- 塩…少し
- ごま油…適量
- 赤唐辛子(輪切り)…1～2本分

煮汁

- だし汁…200cc
- しょうゆ…40cc
- みりん…40cc
- 砂糖…小さじ1
- バター…大さじ1
- 白炒りごま…適量

1 大根は厚めに皮をむいて3cm長さの太めのマッチ棒ぐらいに切る。葉は細かく刻んで塩もみしておく。

2 フライパンにごま油を熱して、鶏ひき肉を入れてほぐれるまで炒める。ポロポロになってきたら赤唐辛子と大根を加えて炒める。

3 大根がしんなりしてきたら煮汁を加えて煮ていく。

4 煮汁がなくなってきたらバターを加え、全体をからめる。

5 器に盛り、ごまと塩もみをした大根の葉を散らす。

根菜とこんにゃくの土佐煮

根菜の味を存分に楽しむならこの土佐煮。根菜から出るうま味と仕上げにまぶすかつお節の風味が味を引き立てます。根菜類は、箸でつまんでひと口で食べられる大きさに切りそろえます。食べやすくなるだけでなく、火の通りも均一になるんです。

材料／4人分

こんにゃく…100g
れんこん…100g
にんじん…½本
ごぼう…½本
里いも…4個
煮汁
　だし汁…600cc
　しょうゆ…60cc
　みりん…60cc
　砂糖…大さじ1
かつお節…2パック（8～10g）
木の芽（あれば）…適量

1 こんにゃくは一口大に手でちぎる。野菜はそれぞれ皮をむき、一口大の乱切りにする。
2 鍋に湯を沸かして、1を5分ほど下ゆでして、水気をきる。
3 鍋に煮汁の材料を入れ、こんにゃくと野菜を入れて落としぶたをし、中火で煮ていく。
4 煮汁がなくなってきたらかつお節をまぶす。火を強くして炒りつける感じで煮詰める。
5 器に盛り、木の芽を散らす。

キャベツのごま豆乳煮

葉野菜は煮ると水っぽくなりがちですが、豆乳とごまの組み合わせなら、コクと味の奥行きが出て、たっぷりのキャベツもぺろりと食べられます。野菜だけでつくっておいしい味つけなので、キャベツ以外にも、鍋料理で使う野菜なら、なんでもどうぞ。豆乳はつゆと分離してしまわないように、仕上げ近くで入れます。

材料／4人分

キャベツ…½個
しいたけ…4枚
長ねぎ…1本
だし汁…600cc
薄口しょうゆ…大さじ2
みりん…大さじ2
豆乳…200cc
白練りごま…大さじ2
ごま油…少し
白炒りごま…少し
黒こしょう…少し

1 キャベツはざく切りにする。しいたけ、長ねぎは薄切りにする。

2 鍋にだし汁、薄口しょうゆ、みりんを入れて中火にかけ、**1**の野菜を煮ていく。

3 野菜がやわらかくなったら豆乳、練りごまを加え、アクを取りながら3分ほど弱火で煮る。

4 器に盛ってごま油をたらし、好みの量のごま、黒こしょうをふる。

＊豆乳は、さらっとして飲みやすい調製豆乳がおすすめ。

焼きなすの煮びたし

焼きなすは、焼いたなすの香りを味わう料理。おいしくつくるなら、ぜひ直火焼きで。焼きなすのこの香りは、ほかの野菜では味わえません。また、焼いたなすを水につけるのは、焼き肉を水につけて食べるようなもの。なすは、水にはとらずに皮をむいてください。熱いだし汁に入れ、そのまま冷ましてたっぷり味を含ませたなすは格別。冷たくしてもおいしいので、つくりおきして、翌日に食べるのもいいですよ。

材料／4人分

なす…4本

A だし汁…３００cc
　薄口しょうゆ…30cc
　みりん…30cc

おろししょうが…少し

かつお節…少し

1 なすはヘタを切り落として、焼き網などにのせて直火で焼く。皮目をまっ黒に焦がしながら、しっかりと火を通す。水にはとらず、熱いうちに手を水でぬらしながらなすの皮をむく。

2 鍋に**A**を入れて沸かし、なすを入れ、ひと煮立ちさせる。火を止めて自然に冷ます。

3 なすを食べやすい大きさに切って器に盛り、おろししょうが、かつお節を添える。

＊なすは皮を焼ききらないときれいにむけないので、皮が炭のようになるまでしっかり焼く。皮は熱いうちにむく。そのままおいておくと、身に黒い色が移ってしまう。

牛肉ときのこの柳川風

相性がよい牛肉ときのこを柳川風に。いろいろな種類のきのこが混ざると奥行きのある味になります。卵とじにするときには、煮汁の味つけを濃いめにします。半熟加減がむずかしい卵とじは、鍋の中心から外側に円を描くように溶き卵を入れると、卵に均一に火が通ります。卵でとじるからボリユームが出て、ご飯に合うおかずに。ご飯にかけると、どんぶりになります。

材料／4人分

牛切り落とし肉…400g
しめじ…1パック
えのきだけ…1袋
エリンギ…2本
しいたけ…4枚
長ねぎ…1本
三つ葉…1/3束
煮汁
　だし汁…500cc
　しょうゆ…70cc
　みりん…70cc
　砂糖…大さじ2
溶き卵…4個分
粉山椒…適量

1　牛肉は食べやすく切る。しめじは小房に分ける。えのきだけは根元を切り落とし、ほぐす。エリンギ、しいたけは手で裂く。長ねぎは斜め薄切りにする。三つ葉は1cm長さのざく切りにする。

2　フライパンに煮汁の材料を入れてひと煮立ちさせ、きのこ類、長ねぎを加えて煮る。煮立ったら牛肉を加える。

3　肉に火が通ったらアクを取り、溶き卵を回し入れ、半熟で火を止める。

4　器に盛り、三つ葉を散らして好みで粉山椒をふる。

トマトの卵あんかけ

丸々とした、だしを含んだトマトに、和風の卵あんかけを合わせてみました。ポイントは、トマトを一度煮て冷ましてから、もう一度、温め直すこと。冷めていくときに味がしみ込んでいくんです。しかも、実がやわらかいトマトの煮くずれ防止になります。鮮やかな彩り。組み合わせの妙。おもてなし料理にもぴったりです。

材料／4人分

トマト…4個
溶き卵…2個分
煮汁
だし汁…800cc
薄口しょうゆ…40cc
みりん…40cc
水溶き片栗粉…少し
とろろ昆布…適量

1　トマトは皮を湯むきする。

2　鍋に煮汁の材料を入れ、ひと煮立ちさせる。トマトを加えて2分ほど煮たら、火を止めて自然に冷ます。

3　**2**を温め直し、半量の煮汁を別の鍋に入れて火にかけ、水溶き片栗粉でとろみをつける。溶き卵を少しずつ加える。

4　器にトマトを盛り、**3**の卵あんをかけ、とろろ昆布をのせる。

かぼちゃの田舎煮

ふだんの食卓に並ぶような野菜の煮物がおいしいと、和食っていいなと思いますよね。家でつくるんだったら、かぼちゃは皮も残して、面取りもせず、煮くずれたぐらいがおいしい。かぼちゃの甘味には砂糖の甘味がよく合うので、ほんの少し甘めにして、だしのうま味を加えます。かぼちゃの旬に合わせて、みょうがを添えていただきます。

材料／4人分

かぼちゃ…½個
さやいんげん…8本
みょうが…1個
煮汁
　だし汁…400cc
　しょうゆ…50cc
　みりん…50cc
　砂糖…小さじ1

1　かぼちゃは種とワタを除き、食べやすい大きさに切る。さやいんげんは半分に切る。みょうがは小口切りにして水にさらしておく。

2　鍋に煮汁とかぼちゃを入れ、落としぶたをして中火で10分ほど煮る。

3　かぼちゃがやわらかくなってきたら、さやいんげんを加えて3分ほど煮る。

4　器に盛り、水気をきったみょうがをのせる。

きんぴらごぼう

昔ながらのごぼうとにんじんの組み合わせのきんぴらごぼう。ささがきではなく、太めの千切りにして、根菜の歯ごたえを楽しみます。ごぼうは土の香りを生かしたいのと、仕上がりが茶色くなるので、水にさらさず使います。親譲りの甘辛いしっかりした味だから、ご飯がすすむし、お弁当のおかずにもいいですよ。

材料／4人分

ごぼう…２００g
にんじん…50g
ごま油…大さじ2
砂糖…大さじ2
しょうゆ…大さじ3
みりん…大さじ1
一味唐辛子…少し
白炒りごま…少し

1　ごぼう、にんじんは太めの千切りにする。ごぼうは水にさらさなくてよい。

2　フライパンにごま油を中火で熱して**1**を炒める。砂糖、しょうゆの順で入れ、炒りつける。

3　野菜に火が通ったら、みりん、一味唐辛子を加えて照りが出るまで炒りつけ、ごまを加える。

茶わん蒸し

茶わん蒸しのおいしさは、蒸して生まれる卵とだしが一体になった味わい。卵1個に対して、だし汁は１８０cc。卵とだしの風味となめらかさを楽しみます。蒸すときには強火の蒸し器に入れ、器の温度を上げておかないと、卵液の温度が早く上がらず、だしと卵が分離しやすくなります。しいたけと三つ葉は必ず入れてほしい素材。ほかの具は、強い風味のものやかたいものでなければ、お好みでどうぞ。

材料／4人分

卵…2個
だし汁…３６０cc
薄口しょうゆ…小さじ1
鶏ささみ…1本
しいたけ…2枚
三つ葉…少し
銀杏（水煮）…8粒

1 卵、だし汁、薄口しょうゆをボウルに入れ、よく混ぜてこし器でこす。

2 ささみは一口大、しいたけは薄切り、三つ葉は1cm長さのざく切りにする。

3 器に**2**と銀杏を入れ、**1**を流し入れる。表面の泡は取り除くと仕上がりがきれいになる。

4 湯気が立った蒸し器に器を入れ、水滴が入らないようにペーパータオルをかぶせる。強火で1分、弱火で14分蒸してでき上がり。

かぶら蒸し

口の中でほろほろとろける、かぶの甘味や香りを味わう冬ならではのごちそう。実は家でもつくれるんです。コツは、しっかり泡立てた卵白の泡をつぶさないように、すりおろしたかぶに混ぜるだけ。かぶの風味を消さない淡泊な魚介と少しの野菜を具にして、かぶそのものの風味を楽しみます。熱々のあんとかぶら蒸しをふうふう言いながら、できたてを召し上がれ。

材料／4人分

かぶ…4個
卵白…1個分
塩…小さじ½
白身魚(たら、鯛などの切り身)…120g
えび…4尾
しめじ…½パック
銀杏(水煮)…8粒

あんかけ

だし汁…300cc
薄口しょうゆ…30cc
みりん…30cc

水溶き片栗粉…大さじ1
おろししょうが…少し

1　かぶは皮をむいてすりおろす。ざるに上げて、自然に水気をきる。卵白をしっかり泡立ててメレンゲにし、かぶと合わせる。塩で味つけする。

2　白身魚は食べやすい大きさに切る。えびは殻と背ワタを除く。しめじは小房に分ける。湯を沸かしてそれぞれをさっとゆでて水気をきる。

3　器に**2**と銀杏を入れ、**1**をかける。中火の蒸し器で10分ほど蒸す。

4　あんの材料を鍋に入れ、ひと煮立ちさせ、水溶き片栗粉でとろみをつける。

5　**3**のかぶがふわりと固まり、蒸し上がったら、**4**をかけ、おろししょうがを添える。

じゃがいもの茶巾蒸し

蒸すともっちりした食感がおいしい、茶巾絞りのじゃがいも。じゃがいもは、かぼちゃやゆり根にしてもよく、子ども向けには、じゃがいもにゆでたコーンやツナ缶を混ぜるといいですね。茶巾絞りも、ラップを使うから簡単です。

材料／4人分

じゃがいも…500g
卵…1個
片栗粉…50g
塩…少し
そぼろあん
ごま油…小さじ1
鶏ひき肉…200g
水…100cc
酒…100cc
砂糖…大さじ2
しょうゆ…大さじ3
水溶き片栗粉…少し
万能ねぎ(小口切り)…適量
一味唐辛子…適量

1 じゃがいもは皮ごと、串がスッと刺さるくらいまでゆでる。皮をむいてマッシャーでつぶす。卵、片栗粉、塩を混ぜ込む。

2 **1**を8等分にして丸め、ラップで茶巾包みにする。蒸し器で10分ほど中火で蒸す。

3 そぼろあんをつくる。フライパンにごま油を熱してひき肉を炒め、ポロポロになったら、分量の水、酒、砂糖、しょうゆを入れる。2分ほど煮て、水溶き片栗粉でとろみをつける。

4 **2**を器に盛って**3**をかける。万能ねぎと一味唐辛子を散らす。

白身魚の酒蒸し

身がくずれやすい白身魚は、電子レンジ蒸しでふっくらおいしく仕上げます。昆布、白身魚と豆腐、野菜の順に重ねて、昆布のうま味と野菜の蒸し汁を魚に移します。

材料／4人分

白身魚（切り身）…4切れ
豆腐…400g
しいたけ…4枚
えのきだけ…1袋
長ねぎ…½本
だし昆布…20g
A 水…150cc
酒…100cc
しょうゆ…25cc
みりん…25cc

自家製ポン酢
柑橘酢…50cc
しょうゆ…40cc
みりん…15cc
だし昆布…3g
大根おろし…150g
一味唐辛子…適量
柚子の皮（千切り）…適量

1 白身魚は霜降り（P40参照）にして水気を拭いておく。豆腐は軽く水きりして4等分にする。しいたけは石づきを除き、えのきだけは根元を切り落とし、ほぐす。長ねぎは斜め薄切りにする。

2 耐熱容器にだし昆布を敷き、白身魚と豆腐をのせ、上にしいたけ、えのきだけ、長ねぎを散らす。**A**をかけ、ラップをして500Wの電子レンジで10分加熱する。

3 ポン酢の材料を混ぜ合わせておく。大根おろしと一味唐辛子を混ぜる。

4 **2**を器に盛り、大根おろしと一味唐辛子を添え、柚子の皮をのせる。ポン酢をかける。

＊自家製ポン酢は、刺身のつけだれにしてもよい。

香りを生かす

日本料理は、四季を味わう料理です。これは四季が豊かな日本ならではの特徴で、世界広しといえど、これだけ季節感が味わえる料理はありません。素材の香りはもちろん、季節を鮮烈に届けるフレッシュな柑橘類や薬味野菜の香りは、和食には欠かせないものです。春には木の芽の香り、初夏にはしょうがやみょうがの香り。冬には柚子の香り。父がつくるみそ汁には刻んだ柚子の皮が入っていて、子ども心にいいなと思ったのを覚えています。

香りと視覚は、味わいを豊かにするだけでなく、味の記憶をつむぎます。子どもの頃にはその意味がわからなくても、毎年味わっているうちに季節を感じる味覚にいつしか成長していくのです。もったいない、高くつくと敬遠していらっしゃる方も、ぜひ使ってみてください。家でつくる和食もその香りでぐっと店の味に近づき、つくっている人の気持ちも豊かになると思います。薬味野菜が使いきれなかった場合は、しょうゆやみそと合わせれば、季節感あふれるつけじょうゆや香りみそになりますよ。

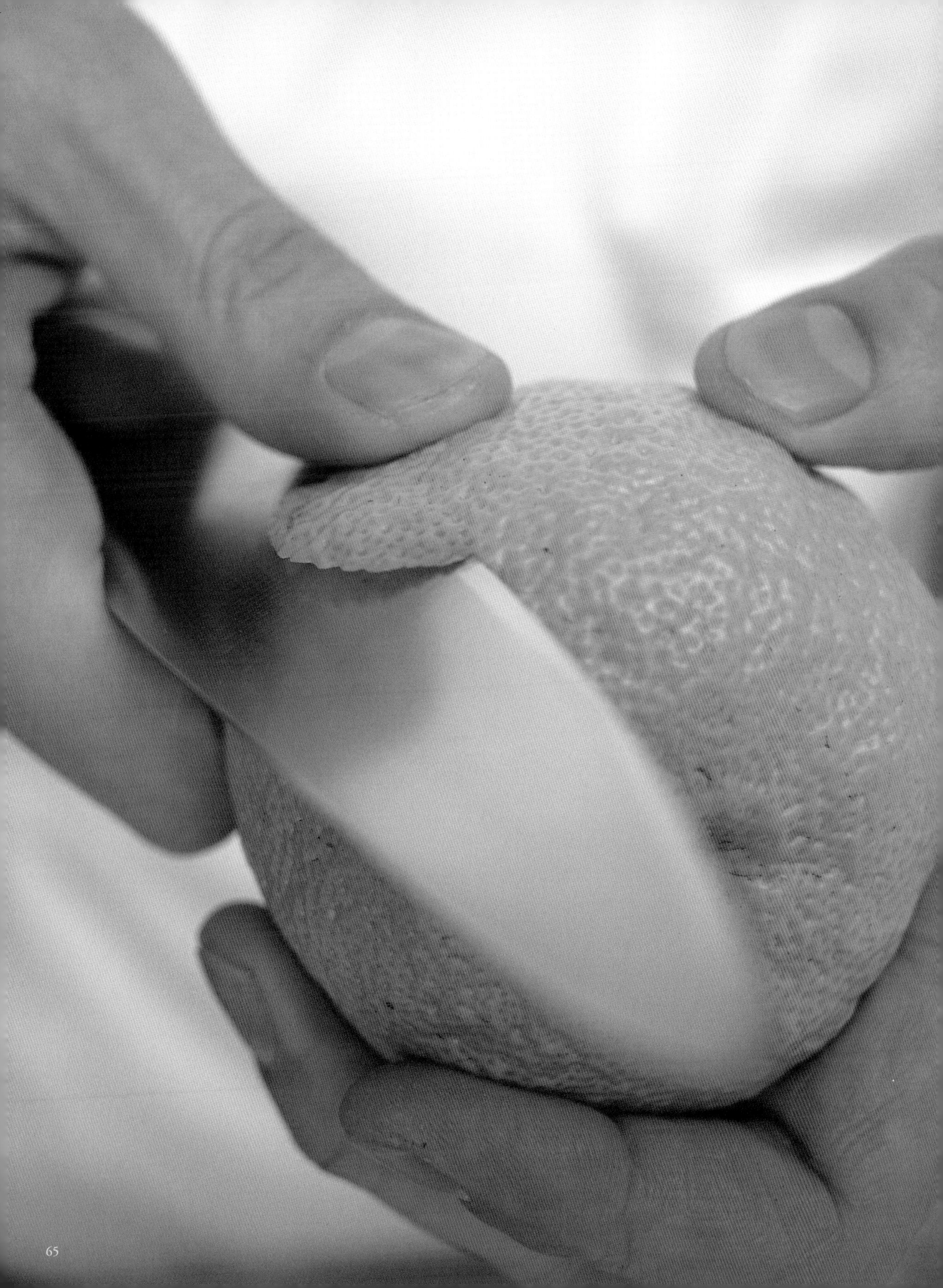

焼き物・揚げ物

僕は常々、〝焼き目は調味料のひとつ〟と思っているんです。焦げ目をつけるのと焦がすのとは違う。焼くという調理法には、焦げ目に近いぎりぎりの焼き目をつけてこそ引き出される、ほかの調理法では決して味わえない素材のおいしさがあると思います。素材の表面の香ばしさ、ぱりっとした食感。対して、中はうま味が封じ込められ、ジューシーに。実家が焼き鳥屋だったからか、加熱調理の中でも一番原始的な〝焼く〟という行為にひかれるのか、焼くという調理法は僕にとって、少し特別な思いがあります。和食では、素焼きだけでなく、たれをつけて焼く焼き物も多いんです。よい焼き目をつけるには、身がくずれやすい魚以外は、たれは漬けずにもみ込むことをおすすめします。漬けるより、味が身に入りやすく、余分なたれが中に入らず、身が必要以上にかたくならない。焼くときには、汁気をきって焼き、焼き目がついてからたれをからめると香ばしく焼き上がります。

揚げ物は、衣と中身のハーモニーを味わう料理。高温の油でうま味を封じ込め、表面と中の食感の対比を際立て、油のコクや香りを素材にまとわせ、おいしく仕上げます。素揚げでも衣揚げでも、〝まわりサクサク、中とろふわ〟が仕上がりのイメージ。揚げ物は、れんこんや豆腐など、中がやわらかいなめらかなものを高温の油で揚げ、表面を固めて、表面と中の食感の違いを際立たせることもできます。また、おかき揚げなどカチッと揚がる衣をつけて、中のやわらかさを際立たせるのも、おもしろいものです。揚げ物は衣のバリエーションがあると、素材が同じでも味わいが広がります。

豚肉のしょうが焼き

肉は焼き目がついたほうがおいしい。だから僕のしょうが焼きは、肉を香ばしく焼いてから、たれをからめます。たれは肉によくもみ込むと、漬け込むより味がよくなじみます。焼くときは、汁気をきって焼くのがいい焼き目をつけるポイント。たれには、はちみつを入れると肉がやわらかくなり、焼き目もつきやすくなるんです。千切りにしたしょうがが、味のアクセントになります。

材料／4人分

豚肩ロース薄切り肉…400g

漬けだれ

しょうゆ…大さじ2
酒…大さじ2
みりん…大さじ2
はちみつ…大さじ1
玉ねぎ(すりおろし)…大さじ2
しょうが(千切り)…20g

サラダ油…適量
キャベツ(千切り)…適量

1 漬けだれの材料を混ぜ合わせ、豚肉を入れてよくもみ込む。

2 フライパンを熱してサラダ油を薄くひき、豚肉の汁気をきって入れ、中火で焼く。

3 両面に焼き色がついたら、漬けだれを加えて煮詰め、豚肉にからめる。

4 器に盛り、キャベツを添える。

牛肉の西京焼き

西京漬けは漬けるのは簡単だけれど、焦がさずに焼くのが意外にむずかしいんです。表面についたみそは、焦げやすいのでよく拭いて。みその風味は素材の中にしっかりしみ込んでいるので、水でさっと洗ってもいいくらいです。今回は一番、失敗が少ない牛肉でつくります。いい牛肉だったら、中が多少レアでも大丈夫。また、さっと焼いてたたきで食べてもおいしい。弱火で様子を見ながら焼いていきます。

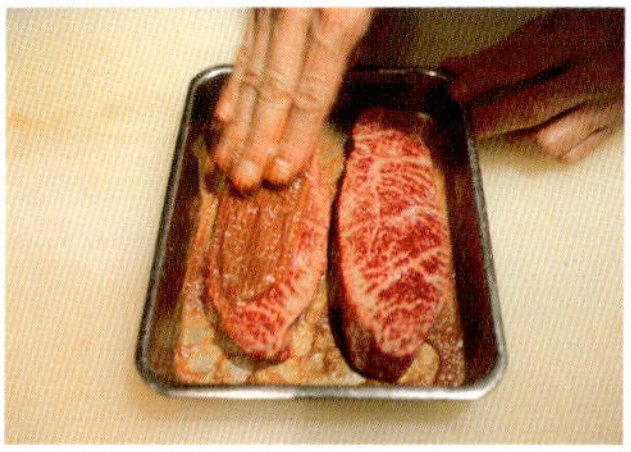

材料／4人分

牛ロース肉またはもも赤身肉（ステーキ用）…4枚（1枚約150g）

みそ床

みそ…200g

酒…50cc

砂糖…50g

れんこん…200g

サラダ油…少し

おろしわさび…適量

1　みそ床の材料をボウルに入れ、泡立て器でつやが出るまでよく混ぜる。

2　れんこんは皮をむいて5㎜厚さに切る。

3　バット2個に薄く**1**を塗り、牛肉とれんこんをそれぞれ重ならないように並べて、上からみそを塗る。冷蔵庫で1日寝かせる。

4　フライパンにサラダ油を弱火で熱し、牛肉とれんこんのみそをよく拭き取り、水気をきって両面を焼く。焦げやすいので注意する。

5　牛肉を食べやすい大きさに切って、れんこんと器に盛り合わせ、おろしわさびを添える。

＊きゅうりにみそを塗っておけば、甘めの漬物ができる。

鮭の塩焼き いくら黄身おろし

魚は、焼く前に塩をふって1時間程度、おいておくこと。これをするとしないとでは、焼き上がりがまったく違います。塩をふることで、魚のうま味が引き出され、味が凝縮します。そして出てきた水分を拭くと魚の生臭みがずいぶん取れます。鮭の塩焼きに添えるのは、親子丼ならぬ、親子おろし。いくらと大根おろしと卵黄を混ぜます。この黄身おろしに、鮭の身をほぐして混ぜれば、ちょっとした小鉢料理にもなるんです。

材料／4人分

鮭（切り身）…4切れ
サラダ油…少し
大根…200g
卵黄…2個分
いくらしょうゆ漬け…60g
塩…少し
すだち…2個

1 鮭はまんべんなく塩（分量外）をふって1時間ほどおく。出てきた水分を拭き取る。

2 フライパンにサラダ油を中火で熱し、鮭の両面を色よく焼く。

3 いくら黄身おろしをつくる。大根はおろして水気をよく絞り、卵黄、いくら、塩少しを混ぜ合わせる。

4 鮭が焼けたら器に盛り、表面にパラパラと塩をふる。いくら黄身おろしと半割りにしたすだちを添える。

かじきのきのこみそ焼き

それだけで食べてもおいしいかじきに、肉みそを思わせる深い味わいのきのこみそを合わせます。みそやたれは焼き目にからむもの。かじきに焼き目がつきやすいように、片栗粉をまぶして焼くのはそのためです。生の魚にみそを塗って焼くと、みそだけが焦げやすくむずかしいのですが、この焼き方だと失敗しません。かじきは、みそを塗るからといって焼きが甘いとおいしくなりません。そのまま食べてもおいしい焼き加減が大事です。

材料／4人分

かじきまぐろ（切り身）…4切れ
塩…少し
片栗粉…適量
サラダ油…適量
バター…大さじ1
長ねぎ（白髪ねぎ）…½本分

きのこみそ

しいたけ…4枚
まいたけ…1パック
えのきだけ…1袋
ごま油…少し
A みそ…100g
みりん…50cc
酒…50cc
マヨネーズ…大さじ2
砂糖…大さじ1

1 かじきまぐろは塩をふり、片栗粉をまぶす。フライパンにサラダ油を中火で熱し、かじきまぐろの両面を焼く。仕上げ直前にバターを入れ、からめる。白髪ねぎは水にさらしておく。

2 きのこみそをつくる。しいたけ、まいたけ、えのきだけは細かく刻み、フライパンにごま油を中火で熱し、しんなりするまで炒める。**A**を混ぜ合わせたものを加えて弱火で少し煮詰める。

3 **1**に**2**のきのこみそを塗って、オーブントースターで2〜3分焼き、表面に焼き目をつける。

4 器に盛って白髪ねぎをのせる。

＊きのこみそは、このまま食べても、ご飯にのせてもおいしい。ほかには、生野菜につけたり、肉や魚に塗ったり、焼きうどんにからめたり、パスタソースにしても。

ぶりの照り焼き 長いもおろし

この照り焼きはたれの配合がポイント。串で焼くのとは違い、フライパンで焼くとたれが焦げやすい。だから、照り焼きだれに水を入れて、煮詰まりにくくしています。また、長いもはすりおろすと水が出るので、粗めにたたいて大根おろしに加えます。

材料／4人分

ぶり（切り身）…4切れ
大根…100g
長いも…100g
塩…少し
片栗粉…適量
サラダ油…適量

照り焼きだれ
水…大さじ2
酒…大さじ2
みりん…大さじ2
しょうゆ…大さじ2
砂糖…大さじ1

ししとう…8本

1　大根はおろして水気をきる。長いもは皮をむき、包丁でたたいてとろろ状にする。大根と長いもを合わせて塩で味をととのえる。ぶりは片栗粉をまぶす。

2　フライパンにサラダ油をひいて中火で熱し、ぶりを入れて両面を焼く。

3　いい焼き目がついたら、混ぜ合わせた照り焼きだれをフライパンに加える。ししとうは切り目を入れて加える。中火でたれを煮詰めていく。

4　たれが煮詰まってぶりにからまり、やや残っているぐらいで取り出し、器に盛る。長いもおろしとししとうを添える。

＊長いもおろしは、しょうゆをかけてご飯にのせても。刺身を和えても。

鯖の柚庵焼き ぶどうおろし

甘いしょうゆ味ベースのたれに柚子の香りを添えた、柚庵だれ。さっぱり味なので、しっかり漬け込んでから焼きます。焼き上がったら、ぶどうおろしを添えて。ぶどうの甘味と酸味が甘酢っぽいので、青背の魚とよく合います。

材料／4人分

鯖（切り身）…4切れ
大根…150g
巨峰など粒の大きなぶどう…12粒

A
柚子（輪切り）…1/2個
しょうゆ…大さじ3
みりん…大さじ3
酒…大さじ3

B
しょうゆ…小さじ1
酢…小さじ1
みりん…小さじ1

サラダ油…少し
すだち…2個

1　Aをボウルに合わせ、皮目に切り目を入れた鯖を40〜50分漬け込む。途中で上下を1回ひっくり返す。

2　大根はおろして水気をしっかりきり、**B**を加える。皮と種を取り、半割りにした巨峰を混ぜ合わせる。

3　フライパンにサラダ油を弱火で熱し、**1**の鯖の水気を拭き取って皮目から焼く。焦げやすいので注意しながら、両面を焼いていく。

4　焼けたら器に盛り、**2**と半割りにしたすだちを添える。

＊柚庵だれは、鯖のほかに鮭、かますなど魚はもちろん、鶏肉や豚肉とも相性がよい。

れんこんの揚げまんじゅう

れんこんがもつふたつの食感を楽しむ、れんこんの揚げまんじゅう。すって練り上げたもち状のれんこんと、シャキシャキした食感の刻んだれんこん。さらに揚げると、外がカリッ、中がもちっとした食感の対比も際立ちます。つなぎを少なくして、れんこんそのものの風味を楽しみます。生地は一度冷ますと丸めやすくなります。

材料／4人分

れんこん…500g
A 卵…1個
片栗粉…大さじ2
塩…小さじ1
砂糖…小さじ2
ごま油…小さじ1

サラダ油…適量
上新粉…60g
塩…少し
揚げ油…適量

1 れんこんは皮をむいて1/3量を細かく刻む。残りはすりおろして軽く水気をきる。

2 すりおろしたれんこんに**A**を混ぜ合わせる。

3 フライパンにサラダ油をひき、刻んだれんこんを中火で炒める。軽く塩をふる。

4 れんこんに火が通ったら**2**を加えて、中火にかけながら、おもちのように木べらにまとわりつくぐらいになるまで10分ほど練り上げる。バットにあけてラップをかけて平らにならし、自然に冷ます。

5 生地が冷めたら16等分にし、手にサラダ油（分量外）をつけて、ピンポン玉くらいの大きさに丸めて上新粉をまぶす。180℃の揚げ油で3分ほど揚げる。

＊この生地は冷蔵庫で3日ぐらいは保存できるので、小判形にしてフライパンで焼いたり、中にかにの身やコーンなどを入れてアレンジしても。

えびとアボカドのおかき揚げ

えびのフライとも違う食感のおかき揚げ。実はこれ、柿の種を衣にしているんです。この衣は、細かいパウダー状なので、油を吸いにくく、からりと仕上がります。だから、えびのプリプリ感が際立ち、アボカドは揚げてさくっとした衣の中からとろりと出てくる果実が、なんともいい味わい。卵黄のソースとも絶妙の相性です。

材料／4人分

えび…8尾
アボカド…1個
柿の種…200g
片栗粉…適量
卵白…1個分
揚げ油…適量
レモン（くし形切り）…1/2個
塩…少し
卵黄…1個分
練り辛子…小さじ1

1　柿の種はミキサーにかけて細かく砕く。
2　えびは殻と背ワタを取って腹側に切り目を入れてのばす。尾の先を切り落とす。アボカドは皮と種を取り、一口大に切る。
3　**2**に片栗粉、こしを切るように混ぜた卵白、**1**の順で衣をつける。
4　170℃の揚げ油で2〜3分揚げる。温度が高いと焦げやすいので注意。
5　器に盛り、レモンと塩、卵黄と練り辛子を混ぜたものを添える。

試してみる

このおかき揚げの衣は、その名のとおりで、柿の種をミキサーで粉末状にしたもの。この衣で揚げ物をつくると表面がカチッとした食感になり、衣と中の食感の違いが際立っておいしいんです。しかも味がついているから味つけは不要。この衣、かなりの変化球に見えて実は、僕が修業していた日本料理店で使っていた揚げ衣なんです。えび、帆立、白身魚や鶏ささみなどいろいろなものと幅広く相性がよい。特に揚げると中がとろりとなるアボカドとこの衣の相性は絶妙です。こういう意外性があっておいしくなる組み合わせを知ると、いろいろと試したくなるんですよね。一番のおすすめはもちろん、柿の種ですが、コーンフレークやポテトチップス、ほかのせんべいでもそれぞれおいしい。揚げ物は、衣を替えるだけで、味の印象が変わります。揚げ方が変わるわけではありませんから、変わり衣の種類を何種類かもっておくと、揚げ物の楽しみが広がりますよ。

柿の種をミキサーに入れて砕くだけ。さらさらのパウダー状にする。余った柿の種でもよい。ただし、ミキサーが回るだけの量は必要。

揚げだし豆腐

豆腐のみずみずしさを生かすため、水きりし過ぎず、拭く程度にしてジューシーに仕上げます。豆腐は油に入れたら、衣が固まるまではいじらずに。下手にいじると衣がはがれたり、形がくずれてしまいます。中まで火を通すため、しっかり揚げて。揚げ上がりの目安は、豆腐が浮いて、菜箸で触ったとき表面がカリッとなったら。

材料／4人分

絹ごし豆腐…600g
片栗粉…適量
なめこ…1パック
長ねぎ…1/2本
三つ葉…1/3束
揚げ油…適量
A だし汁…500cc
しょうゆ…50cc
みりん…50cc
水溶き片栗粉…適量
もみのり…適量

1 豆腐は軽く水気をきり、1丁を6等分にする。片栗粉をまんべんなくつける。

2 なめこは湯で洗って水気をきる。長ねぎは斜め薄切りに、三つ葉は1cm長さのざく切りにする。

3 **1**を180℃の揚げ油で3分ほど、まわりがカリッとして中が温まるまで揚げる。

4 鍋に**A**となめこ、長ねぎを入れ、ひと煮立ちさせて、水溶き片栗粉でとろみをつける。

5 器に**3**を盛り、**4**をかけて、三つ葉、もみのりを散らす。

鶏の唐揚げポン酢

熱々の唐揚げをポン酢にジュッとくぐらせてさっぱり食べやすくした、唐揚げの南蛮漬け風です。鶏もも肉の味つけは昆布茶で。昆布茶はもみ込むだけで、うま味をたし、味つけにもなるので、ほかの素材にも活用度大です。ポン酢は混ぜるだけのあっさり風味。水が入っているから、冷蔵庫で保存し、10日間ぐらいで使いきってください。

材料／4人分

鶏もも肉…500g
昆布茶…小さじ1
片栗粉…適量

ポン酢

水…100cc
酢…100cc
しょうゆ…100cc
みりん…50cc

レタス…1/2個
トマト…1個
きゅうり…1本
揚げ油…適量
万能ねぎ(小口切り)…適量
白炒りごま…適量

1　鶏肉は一口大に切り分けて昆布茶をもみ込み、片栗粉をまぶしつける。

2　ポン酢の材料を合わせておく。レタス、ヘタを取ったトマト、きゅうりをそれぞれ食べやすい大きさに切って合わせる。

3　**1**を180℃の揚げ油で3～4分揚げる。揚がったら、ポン酢にくぐらせる。

4　器に**2**の野菜を盛り、**3**を盛りつける。ポン酢を少しかけて万能ねぎ、ごまを散らす。

かきの天ぷら 生青のりあんかけ

かきは、フライもおいしいですが、僕は天ぷらをおすすめします。衣は、卵と冷水をよく混ぜ合わせれば、粉はざっくりと混ぜ、粉気が残っていても大丈夫。天ぷらには、かきと同じ磯の香りをもつ生青のりのあんかけを。生青のりがなければ、のりをちぎって入れてください。あんがかかったところは衣も香ばしく、時間がたって少しぺちゃっとしたところもまた、おいしい。

材料／4人分

かき（むき身）…16粒
生青のり…30g
三つ葉…1/4束
A 卵…1個
　冷水…150cc
　小麦粉…100g
小麦粉…適量
揚げ油…適量
あんかけ
　だし汁…400cc
　薄口しょうゆ…30cc
　みりん…30cc
水溶き片栗粉…適量
おろししょうが…小さじ1/2

1 かきは流水で洗い、水気を拭き取る。三つ葉は1cm長さのざく切りにする。
2 ボウルに**A**の卵と冷水をよく混ぜ合わせ、小麦粉を数回に分けながら加えてさっくり混ぜる。あまり混ぜすぎないように。
3 かきに小麦粉をまぶして**2**をつけ、180℃の揚げ油で2分ほど揚げる。
4 あんの材料を鍋に入れ、ひと煮立ちさせ、水溶き片栗粉でとろみをつける。生青のりとおろししょうがを加える。
5 かきの天ぷらを器に盛り、**4**をかけ、三つ葉を散らす。

調味料のこと

調味料は、なにを選ぶかではなくて、どう使うかのほうが僕にとっては重要です。いつも使うものだからこそ、入手しやすいもの、負担にならない値段っていうのも基準になりますね。まず、塩は2種類を使い分けています。煮炊き物には、天然成分の味わい豊かな粗塩を。吸い物や野菜の炊き物に使うとおいしくなるんです。魚を焼くときなどのふり塩には、さらさらした焼き塩を。塩が均一に回り、味むらなく仕上がります。しょうゆは、できれば、濃口と薄口の2種類を使うといいですね。薄口しょうゆは、白い素材の色を生かしたい煮込みや炊き込みご飯に。同じ塩分でも、しょうゆは風味づけに、塩は素材のうま味を引き出したいときに使います。煮物の甘味は、魚はみりん、肉は砂糖を使って煮るのが僕の基本です。

肉じゃがや豚の角煮など煮込んで甘味を含ませるものは、みりんではなく砂糖を使い、「さしすせそ」の順番で調味料を入れていきます。砂糖を先に入れ、素材に甘味を含ませてから、しょうゆを入れると肉もふっくら仕上がります。対して、さっと煮て仕上げる煮魚には、素材を固める働きがあるみりんを使って。魚の身もくずれず、きれいな姿に仕上がります。また、煮含めずにさっと煮て素材に味をからめる煮物は、甘味と塩分を時間差で入れずに、合わせ調味料として一緒に入れてしまって大丈夫です。

汁物・鍋物

最近は、みそ汁を飲まない人が増えたなんて聞きますけれど、僕は、みそ汁を一日一杯は飲まないと落ち着かないんです。朝ごはんにみそ汁がないなんて、考えられないですね。日本の食事は、もともと、ご飯と汁物とおかずの一汁一菜が基本。みなさんにも、汁物をもっと身近に楽しんでもらいたいと思っています。汁物と言ってもいろいろあり、おいしさも違いますから、今回は、タイプの違う汁物をピックアップしています。

一方、鍋物には、普通の食事とはちょっと違ったイベント性や遊びがあります。僕にとって鍋料理は、家族を喜ばせ、みんなでわいわい楽しく食べる料理。そんな身近な鍋料理も、ほんのひと工夫で、意外性のある、楽しめる鍋料理になるんです。びっくりするほどやわらかい鶏つくね鍋、真っ白な色がきれいな白みそ鍋、少し酸味のある割り下で食べるさっぱりすき焼き…。料理には、あれっと思わせ、食べるとおいしいという意外性や喜びはとても大事。つくるのが簡単な鍋物こそひと工夫で、みんなを驚かせ喜ばせる演出で楽しい時間を過ごしてください。

豚汁の沢煮仕立て

豚汁というとみそ味ですが、塩味で仕立ててみてもおいしいですよ。たっぷりの野菜の千切りにだし汁を合わせ、豚の脂でアクセントを。豚バラ肉は、霜降りにして余分な脂を落としてきれいな味に仕上げます。だしが出るごぼう、しいたけは先に入れ、さっと火を入れればよいにんじん、大根、三つ葉は後から時間差で入れて、食感を楽しみます。

材料／4人分

- 豚バラ薄切り肉…200g
- にんじん…50g
- 大根…50g
- しいたけ…50g
- ごぼう…50g
- 三つ葉…1/3束
- **A**
  - だし汁…800cc
  - 薄口しょうゆ…大さじ1
  - 酒…大さじ3
  - 塩…小さじ1
- 黒こしょう…少し

1 にんじん、大根、しいたけは細い千切りにする。ごぼうはささがきにして水にさらす。三つ葉は、茎を3cm長さに切る。

2 豚肉は食べやすい大きさに切り、沸いた湯にくぐらせ霜降りにし、水気をきる。

3 **A**を鍋に入れて火にかけ、ごぼう、しいたけをさっと煮る。

4 にんじん、大根、三つ葉の茎、豚肉を加えて、ひと煮立ちさせる。

5 器に盛り、黒こしょうを散らす。

鶏手羽と豆腐のスープ

鶏手羽は骨からおいしいだしが出て、具にもなる。ことこと煮た鶏のスープにやわらかな豆腐を合わせました。鶏手羽は関節のところで切ると、だしが出やすくなり、食べやすくなります。だし昆布はうま味をたすだけでなく、鶏のアクを吸う効果も。豆腐は汁にとろみをつけてから入れ、煮立てないのがきれいに仕上げるポイントです。

材料／4人分

鶏手羽先…8本
絹ごし豆腐
…400g
水…1200cc
酒…100cc
塩…少し
だし昆布…5g
薄口しょうゆ…30cc
みりん…大さじ1
水溶き片栗粉…大さじ2
万能ねぎ（小口切り）…適量
黒こしょう…少し
しょうが（千切り）…5g

1 手羽先は関節のところで2等分に切り分け、水で洗う。豆腐は軽く水きりしておく。
2 鍋に1の手羽先、分量の水、酒、塩、だし昆布を入れて火にかけ、沸騰したらアクを取って弱火にし、1時間ことこと煮る。
3 手羽先の先のほうを鍋から取り出す。だし昆布も取り出す。薄口しょうゆとみりんを加え、味つけする。
4 水溶き片栗粉でとろみをつけて豆腐を手でくずしながら入れ、かき混ぜる。
5 器に盛り、万能ねぎと黒こしょうをふる。しょうがを散らす。

きのこと玉ねぎの牛乳スープ

きのこのポタージュから思いついた和風ポタージュ。弱火でじっくり炒めて、きのこの風味と玉ねぎの甘味を引き出すから、奥行きのある味わいになるんです。きのこは何種類か入れると深みのある味に。しいたけはだしが出るので必ず入れてください。バターや牛乳を使っていますが、だし汁がベースなので、後味はさらりとしています。

材料／4人分

しいたけ…6枚
えのきだけ…1袋
しめじ…1パック
エリンギ…2本
まいたけ…1パック
玉ねぎ…1個
太白ごま油…少し
バター…大さじ2
だし汁…800cc
牛乳…200cc
塩…小さじ2
黒こしょう…少し
万能ねぎ（小口切り）…少し

1 しいたけ、えのきだけ、しめじ、エリンギ、まいたけ、玉ねぎはすべてみじん切りにする。

2 鍋に太白ごま油とバターを入れ、弱火で**1**をじっくりと炒める。

3 香ばしい香りが立ったら、だし汁と牛乳を加え、煮立たせないようにして塩で味をととのえる。

4 器に盛り、黒こしょうと万能ねぎを散らす。

れんこんのすり流し

野菜の風味と色を丸ごといただく和風の汁物、すり流し。野菜をだしで煮てからつくるのが一般的ですが、れんこんならすりおろしてだし汁と合わせるだけでいいので、つくりやすいんです。熱を入れると、香りが引き立ち、ゆるやかなとろみが出て、れんこんらしい味わいに。ほっとする味わいがなんともいえない、すり流しです。

材料／4人分

れんこん…200g
長ねぎ…1/2本
えのきだけ…1袋
A だし汁…800cc
薄口しょうゆ…大さじ2
みりん…大さじ1
柚子の皮(みじん切り)…少し

1 長ねぎは小口切り、えのきだけは1cm長さに切る。れんこんは皮をむいてすりおろし、軽く水気をきる。

2 鍋に**A**を入れ、長ねぎ、えのきだけも加えてひと煮立ちさせる。

3 すりおろしたれんこんを加え、かき混ぜながら弱火で1〜2分火を通す。

4 とろみが出てきたら器に盛り、柚子の皮をのせる。

帆立団子のスープ

魚のすり身の代わりにはんぺんを使えば、家庭でも簡単に帆立しんじょができます。手でつぶしたはんぺんとペースト状にした帆立貝柱をしっかり手でもんで合わせると分離せず、きれいに仕上がります。あとは、沸いただし汁に落とすだけ。帆立の上品な風味がだしに移り、ふだんの汁物とはワンランク違う味わいです。

材料／4人分

帆立貝柱…200g
三つ葉…1/3束
しいたけ…4枚
長ねぎ…1/2本
はんぺん…100g
卵黄…1個分
塩…小さじ1/2
片栗粉…大さじ4

A
だし汁…1000cc
酒…100cc
薄口しょうゆ…大さじ2
みりん…大さじ1

1 三つ葉は1cm長さのざく切りにする。しいたけ、長ねぎは薄切りにする。

2 ボウルにはんぺんを入れ、手でぐちゃぐちゃにつぶす。帆立貝柱はビニール袋に入れ、上からすりこ木などでたたいてペースト状につぶす。

3 はんぺんと帆立貝柱をボウルに入れて合わせ、卵黄、塩、片栗粉を入れて手でよくこねて混ぜ合わせる。（**2**と**3**をフードプロセッサーで混ぜてもよい）

4 鍋に**A**を入れ、しいたけ、長ねぎを加えて火にかける。煮立ったら**3**をスプーンで丸めながら落として火が通るまで煮る。

5 三つ葉を加えて、さっと煮たら器に盛る。

あさりともずくのみそ汁

あさりのみそ汁は、料理教室でも意外にリクエストの多いメニュー。互いの磯の香りの相性がよいもずくと合わせてみました。酢の物にすることが多いもずくですが、産地では、みそ汁によく入れるんです。あさりからだしが出るので、かつお節はいりません。貝で汁物をつくるときには、酒を多めに入れると気になる臭みが消え、おいしくなります。みそは香りが飛ばないよう、仕上げにひと煮立ちさせて入れてください。

材料／４人分

あさり…３００g
もずく…１５０g
A 水…８００cc
酒…50cc
だし昆布…５g
みそ…70g
粉山椒…少し

1 あさりは薄い塩水につけて砂抜きする。流水で洗い、鍋に入れ、**A**を加えて火にかける。沸いたらアクを取る。

2 食べやすく切ったもずくを加えてひと煮立ちさせ、みそを溶き入れる。粉山椒をふる。

3 器に盛り、でき上がり。

鶏つくねごぼう鍋

鶏肉は長ねぎより玉ねぎと合わせたほうがおいしい。これが僕の結論です。鶏ひき肉にたっぷりのおろし玉ねぎを合わせると、鶏つくねはふわふわに。ただし、おろし玉ねぎは、えぐみや苦味のある水分を絞ってから鶏肉と合わせます。みじん切りの玉ねぎでは、こうはおいしくなりません。鶏つくねからいいだしが出るので、だし汁はいりません。鶏肉と相性のよいごぼうのささがきを入れて、香り高く仕上げます。

材料／4人分

鶏ひき肉…500g
玉ねぎ…中2個

A 卵…1個
塩…小さじ1
砂糖…大さじ1
しょうゆ…大さじ1
みりん…大さじ1
コーンスターチ…大さじ1

ごぼう…1本

B 水…1200cc
しょうゆ…60cc
みりん…60cc
だし昆布…5g

万能ねぎ（小口切り）…適量
柚子の皮（みじん切り）…適量

1 玉ねぎはすりおろして、ふきんで包み、水気を絞る。

2 ボウルに鶏ひき肉、**1**の玉ねぎ、**A**を入れて手でよく練り混ぜる。白っぽく粘りが出たら、つくね生地のでき上がり。

3 ごぼうはささがきにして、水にさらしておく。

4 鍋に**B**を入れて火にかける。沸騰したら昆布は取り出す。

5 **2**の鶏つくねの生地をスプーンで丸めながら**4**の鍋に落とす。

6 つくねが煮えたら**3**のごぼうを水気をきって加え、ごぼうに火が通ったら、万能ねぎと柚子の皮を散らす。

きのこ鶏そぼろ

とり挽肉　200g

シイタケ　4ヶ
しめじ　1袋
エノキ　1袋
（シイタケ・しめじ・エノキ）みじん切り

ゴマ油　大1〜2

酒大2　みりん大2　粉山椒

正油大2　砂とう小1

フライパンにゴマ油を熱しきのこを炒める

とり挽肉をフライパンの真中に平(小判型)に入れ

3分強火　そのままにしておく(焼き色がつく)

焼き色がついたらひっくり返しそのまま1分強火

キノコはフライパンのふちでそのまま(水分がとんでカリカリ)

とり挽肉をあらくほぐし調味料を入れて1分

汁気がなくなるまで

粉山椒を入れる

①白身魚にかける

②もやし・キャベツ・塩を加え炒めもの

③豆ふを入れてあんかけ

④焼き餅

⑤うどんにかける

人参　30g　出汁1/3c

ピーマン　1ヶ　正油大1

玉ネギ　1/4ヶ　みりん大1

水どき片栗粉

トヨタ ウィッシュ 中古車買取・査定相場一覧表(オンライン) | トヨタ...

http://kaitori.carview.co.jp/souba/toyota/wish/p1/0/3/9/1/

白野菜 白みそ鍋

おもてなしにすることも多い鍋料理。料理の彩りは、もてなしの大切な要素。冬らしく、白い色の鍋はどうだろうと思ってつくったのが、この野菜鍋です。この鍋は、肉や魚などは入れず、白い色の野菜と豆腐でつくります。白菜、かぶ、えのきだけなどを同時に入れて、途中で野菜をたしたりせずに、最後までいただきます。淡泊な素材だけなので、味はしっかりつけたい。そこで、だし汁には、白みそを合わせています。

材料／4人分

白菜…½個
長ねぎ…1本
かぶ…4個
えのきだけ…1袋
絹ごし豆腐…400g
A だし汁…1500cc
　薄口しょうゆ…大さじ2
　白みそ…300g
柚子の皮（千切り）…適量

1 白菜はざく切りにする。長ねぎは斜め薄切りにする。かぶは皮をむいて5㎜幅の輪切りにする。えのきだけは根元を切り落とし、ほぐす。豆腐は8等分に切る。

2 鍋に**A**を混ぜ合わせて火にかけ、**1**の野菜を入れる。ひと煮立ちしたら豆腐を加える。

3 材料が煮えたら柚子の皮を散らす。

魚介のしゃぶしゃぶ

しゃぶしゃぶは肉より魚がおもしろい。刺身のしゃぶしゃぶは、簡単なのにおもてなしにもなる華やかな鍋料理です。刺身は好みのものでよく、1パックずつ違う種類を買えば、いろいろな味が楽しめます。おいしく仕上げるポイントは、湯に昆布茶を入れること。魚介類の臭みを抑えてくれます。つけだれは、ごま油をベースにした塩わさびやさっぱりポン酢。たれは好みで増やせば、より楽しさも広がります。

材料／4人分

刺身盛り合わせパック…適量
レタス…1個
長ねぎ…1本
塩蔵わかめ（戻す）…50g

塩わさびだれ
ごま油…大さじ4
おろしわさび…小さじ2
塩…小さじ1

即席ポン酢
水…120cc
しょうゆ…120cc
ポン酢（市販品）…120cc
みりん…40cc
大根おろし…大さじ4
一味唐辛子…少し
昆布茶…小さじ1

A
水…1500cc
酒…100cc
昆布茶…大さじ1

1　レタス、わかめはざく切りにする。長ねぎは斜め薄切りにする。
2　塩わさびだれ、即席ポン酢の材料をそれぞれ混ぜ合わせる。
3　鍋に**A**を合わせて入れ、火にかける。煮立ったら、刺身と野菜、わかめをしゃぶしゃぶして、好みのつけだれでいただく。

かきの豚肉巻き鍋

かきのベーコン巻きのイメージから、かきと相性のよい豚肉で巻いてメインの具にしました。かきは楊枝で刺すと食べやすく、見た目もかわいらしくなります。かきと豚肉とよく合うみそ風味で味つけを。白菜の代わりにキャベツでもよく、野菜は比較的なんでも合うので、冷蔵庫の残り野菜を上手に使ってみてください。

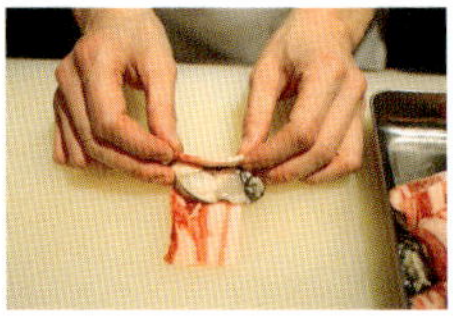

材料／4人分

かき…16粒
豚バラ薄切り肉…200g
白菜…¼個
大根…200g
長ねぎ…1本
水菜…½束
しめじ…1パック
A だし汁…1500cc
酒…100cc
みそ…150g
しょうゆ…大さじ2
みりん…大さじ2
七味唐辛子…少し

1 かきは流水で洗い、水気をきる。豚肉でくるくると巻き、楊子でとめる。

2 白菜はざく切り、大根は皮をむいて太めの千切り、長ねぎは斜め薄切り、水菜は3㎝長さのざく切りにする。しめじは小房に分ける。

3 鍋に**A**を合わせて入れ、水菜以外の野菜を入れてひと煮立ちさせる。

4 **1**のかきを加えて煮、水菜を上に盛る。好みで七味唐辛子をふって食べる。

ポン酢すき焼き

肉の鍋物といえば、やっぱりすき焼き。甘い割り下で食べる王道のすき焼きもいいけれど、酸味の効いただしで食べるすき焼きもイケるものです。しょうゆの代わりに使うのはポン酢。主役の肉がさっぱりと、おいしくいただけます。割り下が変化球なので具は豆腐、しらたき、春菊など、ベーシックなものがよく合います。

材料／4人分

牛すき焼き用肉
…600g
玉ねぎ…1個
春菊…½束
エリンギ…3本
しらたき…150g
焼き豆腐…400g

A
酒…100cc
ポン酢しょうゆ(市販品)
…200cc
水…200cc
砂糖…大さじ2

1　玉ねぎは8等分のくし形切りに、春菊は3cm長さに切る。エリンギは手で裂く。しらたきは下ゆでする。焼き豆腐は8等分にする。

2　鍋に**1**の具と牛肉を並べ、**A**を合わせたものを加える。

3　火にかけて、火が通ったものからいただく。

使いきる

日本料理の〝素材を生かす〟という考え方の中には、素材を〝使いきる〟という意味も含まれていると思います。毎日の料理で、素材を無駄にしないということだけではなく、持ち味を生かした〝適材適所〟の使い方ができてこそ、はじめて素材を〝使いきれた〟と言えるのではないかと、最近思うのです。肉や魚が部位によって食感や持ち味が違い、向いている料理が違うように、実は野菜もそう。皮や実、葉や茎はわかりやすい例ですが、大根、白菜、キャベツなどの個体が大きい野菜は、場所によって持ち味がけっこう違います。その部位に向いている料理を〝適材適所〟の視点から選ぶことで、おいしく仕上がり、材料を使いきることができると思うのです。

また、素材を使いきることで味に厚みが出ます。たとえば、ホワイトアスパラや大根のむいた皮を取っておき、ゆでるときに一緒に入れると、香りが濃くなる。切り落としたほうれん草の根元をきれいに洗って、みそ汁に入れたり、炒め物に加えると、味わいのある具となり、食感のアクセントにもなります。いままで捨てていた部分からいい味が出るのだから、これを使わない手はないですよね。

白菜

丸ごとの白菜なら、中心の葉は生で、外葉は加熱する料理に使います。鍋物、煮物に使うことが多い白菜ですが、冬の旬の時季のものは、みずみずしく糖分が多いので、中心の葉は生で使うサラダや和え物をおすすめします。外葉の加熱の仕方は、料理に合わせて。火をしっかり通してくたくたにするもよし、さっと通してシャキシャキした食感を楽しむのもよし、お好みでどうぞ。

キャベツ

キャベツのような洋野菜も、家でつくる和食なら、自由にその持ち味を生かした楽しみ方ができます。外側に近い葉は、生のまま千切りにして。豚肉のしょうが焼きなど、焼き物、揚げ物のつけ合わせに使います。内側の葉や芯は、じっくり火を入れて甘味を引き出して。キャベツのごま豆乳煮のように、煮物や鍋物に使います。

大根

大根は、中央部分は形を生かす煮物やおでんに。この部分は甘味があるので、ことこと煮て甘味を生かします。葉のほうは、少し色が青みがかり、かたさがあるので、千切りや拍子木切りにして炒め物やきんぴらに。先の部分は、辛味があるので、大根おろしにします。皮はよく洗って、炒めてきんぴらに、細かく刻んで浅漬けもおすすめです。

ご飯・麺

はっきり言って僕はご飯党。ご飯を食べないと力が出ない。おかずが少しでも、ご飯はたくさんがいいですね。日本人にとってご飯は、主食であるせいか、やっぱり懐かしく親しみやすく、ほっとします。

おいしく炊けた白いご飯はそれだけでごちそうです。それでは、ご飯をおいしく炊くポイントは…。まず、米はとぎ過ぎない。精米技術が向上しているので、とぎ過ぎると米が割れてしまいます。米はさらさらっと洗うイメージです。

水にぬらした瞬間に吸水がはじまっているので、最初に少しといだら、そのあとすぐに水を替えます。そして浸水は30分。米は乾物ですから、しっかり水を含ませて、一回ざるに上げ、水気をきります。時間があるときに、ここまでやっておいて、冷蔵庫に入れておいてもいいですよ。最後は強い火力で炊く。炊くのは鍋がおすすめですね。直火で炊くだけで米の香りが違います。ご飯も麺も、主役がよりおいしくなる食べ方や合わせ方が基本だと思っています。

あぶり鶏の親子丼

こんがり焼けた鶏肉の皮はおいしいですよね。それで親子丼の鶏を焼いてみたら、これがうまかった。鶏肉は、香ばしくジューシーに仕上げたいので、皮目だけを直火で焼き、そぎ切りにして、さっと火を通します。煮汁はすぐに煮詰まらない配合にしているので、いい具合に煮汁が残ります。卵液は、2回に分けて入れ、1回目が固まったぐらいに2回目を流し入れると、ちょうどよい半熟具合に仕上がります。

材料／4人分

鶏もも肉…300g
長ねぎ…1本
三つ葉…$\frac{1}{3}$束
煮汁
だし汁…400cc
しょうゆ…100cc
みりん…100cc
温かいご飯…どんぶり4杯分
溶き卵…6個分
もみのり…適量

1　焼き網の上に鶏肉を皮目を下にしてのせ、直火の強火で皮面だけこんがり焼く。一口大のそぎ切りにする。

2　長ねぎは斜め薄切りに、三つ葉は1cm長さのざく切りにする。

3　鍋に煮汁の材料を入れて中火にかけ、鶏肉を入れる。ひと煮立ちしたら長ねぎを加え、鶏肉に火が通るまで煮る。

4　1人分ずつ親子丼をつくる。**3**の$\frac{1}{4}$量を小さいフライパンに入れ、溶き卵の$\frac{1}{8}$量を円を描くように細く流し入れる。卵が固まったら、$\frac{1}{8}$量を同じように流し入れる。

5　卵が半熟状になったら、どんぶりによそったご飯にのせる。三つ葉、もみのりを散らす。残りも同様につくる。

まぐろの手こね寿司

火にかけない、混ぜるだけのすし酢の配合で、簡単にお寿司をつくります。づけはわさびじょうゆでまぐろを和えるだけ。ご飯にすし酢を回しかけ、切るようにして混ぜてつくるすし飯に、まぐろのづけ、野菜や薬味類を彩りよく散らします。色だけでなく、食感の対比もこのお寿司のおいしさ。なめらかなまぐろとシャキシャキした長いもにしば漬けでアクセントを。彩り、食感を考えたら、野菜は好みのものでどうぞ。

材料／4人分
まぐろ赤身（刺身用さく）…200g
しょうゆ…大さじ2
おろしわさび…適量
すし酢
酢…大さじ5
砂糖…大さじ2
塩…大さじ½
温かいご飯…茶碗4杯分
しば漬け…30g
みょうが…1個
青じそ…4枚
長いも…30g
万能ねぎ（小口切り）…適量
もみのり…適量
白炒りごま…適量

1　まぐろは食べやすい大きさに切ってしょうゆ、おろしわさびで和えておく。
2　すし酢の材料をボウルに入れ、よく混ぜる。飯台かボウルにご飯を入れ、すし酢を回しかけ、しゃもじで切るように混ぜて酢飯をつくる。
3　しば漬け、みょうが、青じそは細かく刻む。長いもは皮をむき、5㎜角に切る。
4　器に酢飯を盛り、**1**をのせる。**3**、万能ねぎ、もみのり、ごまを彩りよく散らす。

鮭と大根の炊き込みご飯

炊き込みご飯は、ご飯が主役。米の甘味を感じたいので、炊き込みご飯のだしは味を濃くせず、具のうま味がご飯に移る程度の味つけにしています。大根は、米粒とのバランスで、小さい角切りにすれば、炊き上がりは甘くなめらかな食感に。魚を具にするときには、焼いてほぐしてから加え、魚の香ばしさとうま味を引き立てます。

材料／4人分
塩鮭（切り身）…200g
大根…150g
米…2合
A 水…300cc
　薄口しょうゆ…30cc
　酒…30cc
　だし昆布…5g
三つ葉の茎（小口切り）…¼束分
白炒りごま…適量

1 米はとぎ、30分浸水させてざるに上げておく。ボウルに**A**を入れ、1時間以上おく。
2 塩鮭は焼き、皮を取り、身をほぐしておく。
3 大根は皮をむき、5㎜角に切る。
4 炊飯釜に米、大根、昆布を取り出した**A**のだし汁を入れて炊く。
5 炊き上がったら、少し蒸らし、鮭の身を混ぜ込む。三つ葉の茎とごまを散らす。

じゃことうもろこしの炊き込みご飯

炊き込みご飯は、具も味つけもシンプルなほうがいい。上品なだしが出るちりめんじゃことうもろこしで、塩味と甘味を合わせました。焼き魚や肉を具にしないときには、しょうゆではなく、塩で味つけを。とうもろこしは生の実を削り、最初から炊き込んで風味を引き出します。直火で焼いたとうもろこしを入れてもおいしくできますよ。

材料／4人分

ちりめんじゃこ…50g
とうもろこし…1本
米…2合
A 水…300cc
　酒…60cc
　塩…小さじ2
　だし昆布…5g
万能ねぎ（小口切り）…適量

1 米はとぎ、30分浸水させてざるに上げておく。ボウルに**A**を入れ、1時間以上おく。
2 とうもろこしの粒を包丁でこそげ取る。
3 炊飯釜に米、ちりめんじゃこ、とうもろこし、昆布を取り出した**A**のだし汁を入れて炊く。
4 炊き上がったら、少し蒸らし、万能ねぎを散らす。

とろろにゅうめん

そうめんはゆで上がる時間が短いから、あっという間にできるのがいいんです。うどんやそばに比べて、繊細なそうめんの風味を生かして、薄味の温かいだしつゆでにゅうめんにします。シンプルにたっぷりのとろろをのせて、やさしい味わいに仕立てます。長いもはたたいて、なめらかながらも、適度に食感も残します。

材料／4人分

長いも…150g
卵黄…1個分
塩…少し
しいたけ…4枚
長ねぎ…1/2本
三つ葉…1/4束
A だし…1000cc
　薄口しょうゆ…30cc
　みりん…30cc
　塩…少し
水溶き片栗粉…大さじ2
そうめん…300g
柚子の皮(千切り)…少し
一味唐辛子…少し

1 長いもは、皮をむいて包丁でたたいてとろろ状にする。卵黄と塩を混ぜ合わせる。

2 しいたけは薄切り、長ねぎは斜め薄切り、三つ葉は1cm長さに切る。

3 鍋に**A**を入れて中火にかけ、**2**の野菜を加える。ひと煮立ちさせて水溶き片栗粉で軽くとろみをつける。

4 そうめんを表示通りにゆでて器に入れる。

5 **3**を注ぎ、**1**を上にかける。柚子の皮と一味唐辛子を添える。

ピリ辛焼きうどん

うどんと具を別々に炒めて、最後に合わせる焼きうどんです。牛乳と白練りごまをからめたクリーミーなうどんに、濃く味つけた野菜の具を合わせるのがポイント。このつくり方なら味が決まりやすく、うどんもべたつかずに仕上がります。

材料／4人分

豚こま切れ肉…150g
キャベツ…1/4個
しいたけ…4枚
長ねぎ…1/2本
にんじん…1/4本
高菜漬け…70g
ごま油…適量
塩…少し
こしょう…少し

A
みそ…大さじ2
酒…大さじ3
砂糖…大さじ1
一味唐辛子…小さじ1

ゆでうどん…4玉

B
白練りごま…大さじ2
牛乳…大さじ4
酒…大さじ3
しょうゆ…大さじ1

かつお節…適量

1　キャベツは太めの千切り、しいたけは薄切り、長ねぎは斜め薄切り、にんじんは短冊切りにする。高菜漬けは細かく刻む。

2　フライパンにごま油を中火で熱し、**1**と豚肉を炒める。塩、こしょうして、しんなりしてきたら**A**を入れ、味つけする。いったんバットに取り出す。

3　フライパンを拭いてごま油をひき、中火でうどん2玉を炒める。**B**の半量を加えてほぐしながら炒めていく。

4　器にうどんを盛り、上に**2**の半量をのせ、かつお節をかける。残りも同様につくる。全体をよく混ぜていただく。

素材を組み合わせる

日本料理は、素材の持ち味を生かす料理。その持ち味を生かすも殺すも素材の組み合わせ方次第なんです。でも和食となると、組み合わせがわからないという方も多いので、僕流の素材の組み合わせ方をお話ししましょう。

まずは、日本料理では「出会い物」と言われる、その旬同士の素材の組み合わせ方があります。ぶり大根や若竹煮のような組み合わせです。また、鱧《はも》と松茸のお吸い物のような、夏の終わりの素材と秋のはじめの素材の組み合わせです。昔の人の知恵が代々受け継がれたこの組み合わせは、やはり文句のない相性だと思います。

次は、調味料との相性から発想する組み合わせ。「アボカド納豆」は、互いに相性のよいしょうゆから。「かきの豚肉巻き鍋」はそれぞれのみそとの相性から思いついたメニューです。

最後に、ほかのジャンルの料理でいいな、と思った組み合わせを取り入れたもの。「手羽先のジンジャーエール煮」は、洋風の肉のコーラ煮からヒントを得た煮物。しょうがは和食でもよく使いますからね。そして、合わせたい素材がない場合も、似た食材で代用できるのをお忘れなく。長ねぎがなければ、玉ねぎ。じゃがいもがなければ里いもなど、一から考え出さなくても、これはおいしそう、相性がよさそうという組み合わせをどんどん試してみてください。

デザート

最後に出るデザートは食事の印象を決めるもの。和食の締めのデザートは、和から離れたものはつくりたくないですね。だから、僕のデザートにはベーシックな和菓子や昔、食べたような和のおやつをアレンジしたものが多いんです。まずは、食事のじゃまをせずに、フィナーレらしく余韻を残すもの。和風ガトーショコラをイメージした「小豆のカステラ きな粉クリーム」は、一口食べたら、すっと消えてなくなる軽やかさ。小麦粉を使わないこのカステラは、蒸し器で蒸すことで、食感はもちっとしながら、口に入れるとすっと消える軽さなんです。そして、季節感を大切にする日本料理らしく、旬のフルーツや柑橘果汁、ときには薬味野菜を使って、自然な香りや甘味を添えるというのも多いですね。「フルーツポンチ」はもちろん、「青じそのシャーベット」は季節感たっぷりです。

また、店で出すときには、店に来たからこそ食べられるデザートを食べていただきたいと思っています。一日たったら、香りや食感が変わってしまうような「黒糖もち」やその場で食べないと形や風味が変わってしまうものです。今回紹介しているのは、店で人気のデザートのなかから、家でも簡単においしくつくれるものを選びました。そうそう、男性は懐かしいからか、意外に和のデザートが好きで、店でも好評なんですよ。

黒糖もち

もちもちした食感の和菓子のぎゅうひを、コクのある黒砂糖でアレンジしました。黒砂糖ときな粉の素朴な味わいは、性別年齢を問わず幅広く好まれるもの。自由にちぎって好きな形につくれるから、家庭でも気軽に楽しめます。ポイントは、白玉粉をこすところと練り上げるところ。白玉粉のだまは手でつぶしながらこし、なめらかな状態から木べらにまとわりつくぐらいまで、もち状に練り上げます。

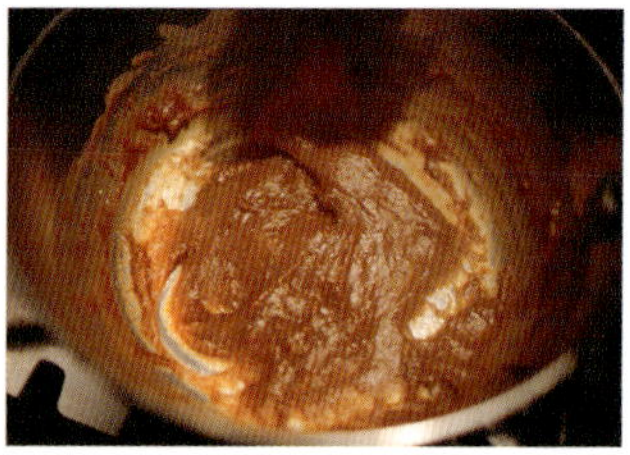

材料／4人分

白玉粉…100g
水…210cc
黒砂糖…100g
きな粉…100g
黒みつ…少し

1 ボウルに白玉粉、分量の水、黒砂糖を混ぜ合わせ、手でしっかりとだまをつぶしながら、こし器を通して鍋に入れ、中火にかけてしゃもじで練る。透明になったら、弱火にしてさらに練る。鍋の真ん中にもちのように集まるようになってきたら、練り上がり。

2 きな粉を敷いたバットに**1**を流し入れ、上からもきな粉をふってラップをかけ、薄くのばす。冷めたら一口大に丸める。

3 器に盛り、好みで黒みつをかける。

小豆のカステラ
きな粉クリーム

これは小麦粉を使わずにつくった小豆のカステラ。ガトーショコラをイメージしながら、浮島というお菓子をアレンジしました。ガトーショコラのような味わいは、蒸し器で蒸すからこその食感。蒸し器で蒸さないと、こうはなりません。市販のつぶあんに生クリームと卵を混ぜ合わせるだけの簡単さ。よく混ぜ合わせることだけがポイントです。小麦粉を使っていないから、食べた後の軽さは抜群です。

材料／21㎝×8.5㎝×高さ6㎝のパウンド型1台分

つぶあん（市販品）…160g
生クリーム…30cc
卵…1個

A 生クリーム…100cc
砂糖…20g
きな粉…20g
ラム酒…少し

1 ボウルにつぶあん、生クリーム、卵を入れて、泡立て器でよく混ぜ合わせる。

2 型にラップを敷き、**1**の生地を流し入れて中火の蒸し器で20分蒸し、冷やしておく。

3 **A**を泡立てる。

4 **2**を切り分けて器に盛り、**3**を添える。

青じそのシャーベット

店でも男性から人気のあるデザートです。口に入れると、さわやかでほのかに甘い青じその香りが広がります。風味づけに、梅酒や白ワインを加えます。凍った青じそシロップを砕くときに、梅酒や白ワインを加えながらフードプロセッサーを回すと、舌触りがなめらかに仕上がります。青じその代わりに、柚子やバジルなど好みの柑橘類やハーブを使えば、いろいろなバリエーションも楽しめます。

材料／4人分

青じそ…20枚
砂糖…１００g
水…５００cc
梅酒…50cc
白ワイン…25cc
レモンの絞り汁…大さじ1

1　ボウルに砂糖と分量の水を混ぜ合わせ、バットに移し、冷凍庫で一晩凍らせる。
2　**1**を砕き、刻んだ青じそと一緒にフードプロセッサーに入れて攪拌する。途中、少しずつ梅酒、白ワイン、レモンの絞り汁を加える。
3　全体がなめらかに混ざったらバットに入れ、再び冷凍庫で固める。

フルーツポンチ

かわいくて彩り鮮やかなフルーツポンチは、子どもの頃のあこがれのデザート。僕のは、シロップに果物を浮かべるタイプではなく、コアントロー風味のジュレを果物にかけ、カスタードソースを添えます。カスタードソースには、七分立ての生クリームを合わせて、少しリッチに。ゼラチンは粉ではなく、扱いやすい板ゼラチンを氷水でふやかして使います。果物は季節の好みのもので、色鮮やかに盛りつけましょう。

材料／4人分

ゼリー

板ゼラチン…4.5g（1.5g×3枚）
白ワイン…200cc
コアントロー…20cc
水…50cc
砂糖…30g

カスタードソース

卵黄…2個分
砂糖…大さじ1
生クリーム…40cc
バニラエッセンス…少し
ブランデー…少し

季節の果物（いちご、オレンジ、グレープフルーツ、巨峰、ブルーベリー）…各適量
ミントの葉…適量

1　板ゼラチンを適量の氷水でふやかしておく。鍋に白ワインとコアントローを入れて煮きり、分量の水、砂糖、板ゼラチンを入れて溶かす。溶けたら、冷蔵庫で冷やし固める。

2　カスタードソースをつくる。卵黄と砂糖をボウルに入れて湯せんにかけ、白っぽくなるまで泡立てる。別のボウルで生クリームを七分立てぐらいに泡立て、両方を混ぜ合わせる。バニラエッセンスとブランデーで香りづけする。

3　いちごはヘタを取り、縦半分に切る。オレンジとグレープフルーツは、皮をむき、食べやすく切る。巨峰は皮をむき、半分に切り、種を取る。

4　果物を器に盛り、**2**のソースをかけ、**1**のゼリーをくずして上にかける。ミントの葉を飾る。

笠原　将弘

料理制作協力
中山幸三
野田有紀
渡邊里穂
和田祐治

『賛否両論』
東京都渋谷区恵比寿2-14-4　太田ビル1F
電話　03-3440-5572
http://www.sanpi-ryoron.com/

ブックデザイン／河村かおり　舩木幸政（yd）
撮影／日置武晴
スタイリング／池水陽子
取材・文／結花
校正／小出美由規
編集／篠原一江

シンプルでやさしい日本の味
笠原将弘の
毎日食べたい　和食のおかず
2009年　5月1日　第1刷　発行
2010年　4月10日　第3刷　発行

著者　笠原将弘
発行者　久保田榮一
発行所　株式会社　扶桑社
〒105-8070　東京都港区海岸1-15-1
電話　03-5403-8889（編集）
電話　03-5403-8859（販売）
http://www.fusosha.co.jp

印刷・製本　共同印刷株式会社

定価はカバーに表示してあります。
落丁・乱丁（本のページの抜け落ちや順序の間違い）の場合は扶桑社販売グループ宛てにお送りください。送料は、小社負担にてお取り替えいたします。

ISBN978-4-594-05916-3